5無 교회가 온다

5無 교회가 온다

@5no_church   십자가 없는 MZ교회의 등장   황인권

ikp

추천사

김대학 목사, 세계교회성장연구원 | 교회 컨설턴트

『5무교회가 온다』는 MZ세대를 잃어가고 있는 한국교회에 꼭 필요한 책입니다. 왜 젊은 세대가 교회를 떠나는지, 교회가 어떻게 시대의 언어를 놓치고 있는지를 정확하게 짚어내고 있습니다. 단순한 비판이 아니라, 교회 공간, 관계, 소통 방식에 대한 구체적인 대안을 제시하는 점이 특히 인상적입니다.

교회 컨설팅에서 반드시 해야하는 일은 현실을 분석하고 읽어내는 일입니다. 현실을 제대로 읽지 못하면 어떤 대안도 유효하지 않기 때문입니다. 그런 점에서 『5무교회가 온다』는 지금 한국교회가 놓치고 있는 MZ세대에 대한 본질적 통찰을 제공해주고 있습니다.

복음의 본질은 변하지 않지만, 그 전달 방식과 관계 맺음의 방식은 시대의 흐름을 외면할 수 없습니다. 『5무교회가 온다』는 바로 그 접점을 고민하는 이들에게 상당히 유용한 지도이자 나침반입니다. MZ세대와의 접점을 고민하는 모든 목회자와 교회 리더들에게 이 책을 필독서로 추천합니다.

•

김성봉 목사, 서울침례교회

『5無 교회가 온다』는 무척 성실한 책입니다. 황인권 대표가 가진 특유의 성실성이 수많은 사례와 자료들을 보여주는 것에 지침이 없습니다. 많은 사례와 괄목할만한 그의 통찰을 읽어나가다 보면 어느덧 설득되고 있는 자신을 발견하게 됩니다.

이 책이 가지는 강력한 설득력의 이유는 황인권 대표가 가진 시선이 '사람'에게 머무르기 때문입니다. 황인권 대표의 30년을 가까이에서 지켜본 경험에 의하면 언제나 그의 관심의 시작은 사람이었습니다. "왜 이런 디자인을 사람들이 좋아할까?", "사람들은 이런 공간에 많이 모일까?" 수많은 그의 질문은 사람에게서 시작되었습니다.

그리고 이제 그는 이 땅의 교회와 많은 그리스도인들에게 질문을 던집니다. '지금 이 땅의 교회는 사람에게 관심이 있느냐?'고 도전합니다. 새로운 생존의 시대, 교회는 달라진 시대 정황에 당황하여, 급한 마음으로 어설픈 변화를 흉내 내어왔지만 어쩌면 우리는 그 변화의 가장 중요한 내용, 사람을 놓치고 있었는지도 모르겠습니다. 하나님의 가장 우선적 관심인 사람을 놓친 것은 아닌지를 돌아보게 하는 질문이 이 책에 가득합니다.

한 사람의 목회자로 편안하게 읽기 어려운 책이지만, 또 한편 이 책은 반드시 읽어야 할 숙제같은 책입니다. 여기에 움직이는 사람과 교회가 시선을 맞출 사람에 대한 질문이 있기 때문입니다. 책임있는 그리스도인으로 이 책의 일독을 권합니다.

●

김영석 목사, 배화여자대학교 교목

전통적인 교회의 문화 속에서 선교의 새로운 길을 모색하며 '이래도 될까?'를 고민하던 사람들에게 설득력있는 논지와 근거를 제시하며 '이래야 하는구나'라는 용기를 준다. 이런 고민은 교회의 질서를 깨뜨리려는 사람이 아니라 오히려 이 시대에 교회를 더욱 건강하게 세워가고 싶은 사람만이 갖는다.

개인의 자유가 무제한적으로 허용되는 세상이기에, 그런 우리를 하나님 앞에 서게 하는 참된 복음이 그 어느 때보다 필요하다는 절박함이 있다면 이 책이 그 길라잡이가 될 것이 분명하다.

가장 트랜디한 이야기를 소개하고 있는데, 읽고 있자니 어느새 나는 가장 본질적인 질문을 던지며 가슴이 뜨거워 진다. '교회란 무엇인가? 복음이란 무엇인가?' 이 위대한 질문이 발을 동동 구르며 변화의 문 앞에 서 있는 우리를 하나님 나라, 그 높은 곳으로 인도해 줄 것이라 확신한다.

•

김정기 목사, 엠 하우스

"우리는 교회를 떠난 청년들로부터 다시 배워야 할 시점에 와 있습니다."

《5무 교회가 온다》는 단순한 비판이 아니라, 오늘날의 교회가 잊고 있었던 '밖에서 들려오는 하나님의 신호'에 귀 기울이게 만드는 책입니다. 교회의 십자가는 남아 있어도, 세상 속에서 십자가 정신은 사라져 가고 있음을, 저자는 감각적이면서도 치열하게 풀어냅니다.

엠하우스를 섬기며 새로운 교회와 예배의 형태를 고민하는 저에게, 이 책은 그 고민의 언어를 명확하게 정리해주고, 방향의 나침반을 건네주는 책이었습니다. '브랜딩 디자이너'이자 '신학도'로서의 독특한 저자의 시선은 교회의 언어와 세상의 언어를 오가는 다리처럼 기능하며, 기존의 예배당 안에서도 새로운 성전이 지어질 수 있다는 희망을 보여줍니다. 이 책을 손에 든 당신은, 아마도 이전과는 다른 시선으로 교회를 바라보게 될 것입니다. 그리고 하나님께서 지금도 교회를 새롭게 세우고 계심을 깨닫게 될 것입니다.

•

김택환, 온맘닷컴 | 기독교창의지원재단 이사장

"미래는 이미 와 있다. 단지 널리 퍼져있지 않을 뿐."

사이버펑크 장르의 개척자로 알려진 SF 작가 윌리엄 깁슨이 2003년 <이코노미스트>와의 인터뷰에서 했던 이 말은 황인권 대표의 『5무 교회가 온다』가 포착한 교회의 새로운 물결을 거의 완벽하게 설명한다.

새로운 시대를 바라보는 시선은 언제나 과감한 용기와 예리한 통찰을 요구한다. 시대는 변했고, 그 변화는 교회의 문턱까지 성큼 다가왔다. 저자는 자신의 풍부한 경험을 바탕으로 단순히 변화하는 교회의 현상들을 나열하는 데 그치지 않고, 교회의 본질을 유지하면서 그 표현 방식을 현대적으로 재해석하는 '진화'의 관점을 설득력 있게 담아내고 있다.

익숙하지만 새로운 것들로 가득 찬 이 책에는 우리가 경험해온 정서를 바탕으로 한 실천적 지혜가 넘쳐난다. 그렇기 때문에 이 책은 단순히 오래된 틀을 깨는 것을 넘어, 시대적 요구에 응답하는 신앙 공동체의 진정한 의미를 다시 한번 생각하게 만든다.

많은 교회와 리더들은 이 책에서 깊은 영감과 새로운 동력을 얻을 것이 분명하며, 변화와 혁신을 고민하면서 시대의 도전에 대비하는 크리스천들에게는 때마침 반갑고 고마운 책이 나온 것이다.

•

반승환 목사, 소울브릿지 교회

좋은 책은 정답을 주지 않고, 생각의 판을 바꾸는 질문을 던진다.

『5無 교회가 온다』는 바로 그런 책이다. 기존의 문법으로는 다음 세대를 붙잡을 수 없다는 냉정한 평가를 내리며, 우리가 익숙하게 따랐던 방식에 과감히 물음표를 찍는다. 저자는 교회의 본질을 흔들지 않으면서도 전통에 대한 맹목적인 답습을 거부하고, 시대가 던지는 날카로운 질문 앞에서 정직하게 반응할 수 있는 새로운 문법을 제시한다. 깡패같은 제목과 달리 내가 읽은 이 책은 단순히 교회의 형태를 바꾸려 하지 않는다. 대신 교회가 놓쳤던 질문을 발견하게 하고, 그 질문을 통해 교회의 다음 이야기를 써나갈 수 있도록 돕는다. 다음세대 브랜딩을 하는 기획자의 시각에서 볼 때, 이 책은 교회의 미래를 고민하는 모든 이에게 강력한 영감을 준다. 첫째는 나에게 주었고 당신에게도 줄 것이다. 이 책이 던지는 질문을 당신의 교회는 외면할 수 없을 것이다.

●

박종현 목사, 함께심는교회

저자인 황인권 대표는 전도사닷컴 편집장 시절부터 오랜 벗이자 멘토입니다. 그를 존경하며 애정하는 이유는 단지 비슷한 고민을 깊고 선명하게 하기 때문만이 아니라, 연구자이며 실천가로서 지속가능한 사역을 이어오고 있기 때문입니다.

『5무 교회가 온다』는 단순히 '없음'을 선언하는 책이 아닙니다. 책에서 말하는 '5무'는 교회를 해체하기 위한 구호가 아니라, 이미 도래한 변화를 교회가 어떻게 품고 수용할 수 있을지 탐색하는 질문이자 초대의 상징입니다. 십자가, 구역, 성경공부, 새벽예배, 장로 없음. 이 다섯 가지는 오랫동안 교회의 정체성을 상징해 왔지만, 오늘날 교회 안팎의 '요즘 것들'에게는 오히려 장벽이 되기도 하니까요.

황인권 대표는 디자이너이자 브랜딩 전략가로서, 동시에 신학을 공부하고 목회 현장을 경험한 독특한 시선을 지니고 있습니다. 덕분에 이 책은 래디컬한 주장에 그치는 대신, 문화적 감수성과 사회적 통찰력을 바탕으로 교회의 현재와 미래를 탐사한 실천적 보고서가 되었습니다. 이 책은 교회가 무엇을 더할 것인가보다, 무엇을 내려놓을 것인가를 먼저 묻습니다. 위만 바라보지 말고 옆도 좀 보라고 말합니다. 교회를 지켜야 한다는 강박이 절박함으로 무거워진 시대에, 그는 오히려 '덜어냄'을 통해 새로운 가능성과 회복의 길을 보여줍니다. 위기의 시대를 살아가는 교회와 목회자, 사역자들에게 위축이 아닌 용기와 상상력을 선물할 것입니다. 지금 이 시대, 교회를 사랑하는 모든 이들에게 꼭 권하고 싶습니다.

•

박찬열 목사, 노크교회

황인권 대표를 처음 만난 건 삼각지에 위치한 그의 샵에서였다. 향수를 주제로 한 모임이었다. 두 번째 만남은 교회에 관한 세미나에서였다. 함께 강사로 초청받아, 그의 새 책 내용을 미리 들을 기회가 있었다. 그때 느꼈다. 그가 사랑하는 향수보다도, 한국 교회에 전하고 싶은 '향'이 훨씬 더 많다는 것을. 재미있어 보이는 안경 너머로 반짝이던 그의 눈동자에는, 아직 꺼내놓지 않은 이야기들이 가득해 보였다.

이번 책 『5무교회가 온다』를 읽으며 가장 먼저 든 생각은 "다행이다"였다. 사실 나도 어디 가서 쉽게 꺼내놓지 못한 고민이 있었다. "노크교회니까 가능한 거죠"라는 말을 듣기 싫어, 조용히 실험하고 있었다. 그런데 여기, 같은 고민을 품고 있는 또 한 사람이 있다는 사실이 반가웠다.

'5무'라는 제목은 한국교회가 그동안 얼마나 '있는 것'에 집착해 왔는지를 되짚게 한다. 그는 교회가 얼마나 일상으로부터 멀어졌는지를 짚으며, 다시 일상 속으로 들어가야 함을 이야기한다. 모바일에서부터 한강 라면, 더현대서울에 이르기까지, 그가 던지는 화두는 하나같이 한국 교회를 향한 깊은 애정과 진지한 고민의 결과물이다.

일상이란 무엇인가? 특별해 보이지 않지만, 결국 한 사람의 일생을 구성하는 본질 아닌가. 한 사람의 일상이 그의 인생이 되고, 한 교회의 일상이 그 교회의 미래가 된다.

나 또한 앤트러사이트에서 영감을 얻고, 애플에서 인사이트를 발견하며, 스타벅스에서 깨달음을 얻었다. 아이러니하게도, 세상의 건강한 기업들은 그들이 자각하든 아니든, 성경이 말하는 순수함의 능력, 개성과 협업의 중요성과 같은 본질을 이미 차용하고 있었다. 성경의 '오리지널'을 믿는 사람으로서 억울했다. 동시에, 이 본질을 세상에 다시 보여주고 싶은 마음이 일었다. 그 마음을 황인권 대표가 이 책에서 정리하고, 드러내고 있다.

그는 교회가 브랜딩은 잃어가고 마케팅만 늘어가는 현실을 정확히 짚어낸다. 그리고 말한다. "세대를 잇자"는 구호만으로는 충분하지 않다고. 진정으로 세대를 잇기 위해선 먼저 '세대를 알아야 한다'는 날카로운 질문을 던진다.

이 모든 고민을 그는 '여정'이라는 단어 하나로 담아냈다. 이 책을 다 읽고 나면, 책은 덮지만 생각은 덮이지 않는다. '이 길이 맞다면, 계속 걸어가야 하지 않겠는가'라는 질문 앞에 다시 서게 된다.

모두가 알고 있는 단어를 통해, 모두가 보지 못한 세계를 열어 보이는 이 책에 박수를 보낸다. 익숙함을 떠나, 주님과 동행하는 길로 우리를 초대하는 이 책을 반드시 눈여겨봐야 한다.

방현미 편집장, 월간 『교회성장』

『5無 교회가 온다』는 단순한 트렌드 분석이 아니라, MZ세대의 언어로 교회의 본질을 다시 묻고 있습니다. '십자가 없음', '새벽예배 없음', '성경공부 없음' 등 5가지 없음은 결핍이 아니라 전환의 징후입니다. 낡은 제도와 형식이 아닌, 본질과 공동체를 향해 움직이는 새로운 교회의 초상을 담고 있습니다.

저자는 사역자이자 브랜드 디자이너로서, 교회를 향한 깊은 애정과 날카로운 시대 감각을 겸비한 보기 드문 통찰자입니다. 저자는 비판이 아니라 통찰과 공감으로 교회의 현실을 독자들에게 직면하게 합니다. MZ세대를 향한 그리스도의 마음을 교회가 어떻게 회복할 수 있을지, 놀라울 만큼 구체적이고 실제적인 방향을 제시합니다.

변화의 물결 앞에 선 이 시대 교회와 리더들에게 이 책은 불편한 질문을 던지지만, 동시에 희망의 실마리를 제공합니다. 이 책은 변화에 흔들리는 이 시대 교회들에게, 다시 복음의 본질을 바라보게 하는 귀한 나침반이 될 것입니다.

석용욱 일러스트레이터

이동진 평론가의 유투브에서 본 '원숭이를 잡는 쉬운 방법'이란 영상이 있다. 자유자재로 나무를 타는 민첩한 원숭이를 인간이 쉽게 잡는 방법이 있다는 것이다. 방법은 간단했다. 나무에 원숭이 손이 들어갈 작은 구멍을 낸 후 그 속에 원숭이가 좋아하는 열매를 넣어두면 원숭이가 열매를 움켜쥔 후 구멍보다 커진 주먹을 빼지 못해

꼼짝없이 나무에 메이게 되고 그 순간 사냥꾼에게 포획돼 버린다는 것이다. 잡히는 순간에도 열매를 손에서 놓지 않는 원숭이의 특성 때문에 가능한 사냥법이라고 한다.

'5무 교회가 온다!' 이 책은 성장이 정체된 오늘날 교회 조직이 움켜쥔 손을 전부 펴자고 말한다. 십자가 형상, 새벽예배, 성경공부, 구역 및 목장, 장로 직분… 한 손가락 펴기도 쉽지 않은데 다섯 손가락 모두 말이다. 하지만 그냥 말하는 것은 아니다. 정확하고 꼼꼼한 데이터를 가지고 말한다. 실상 데이터를 뛰어넘는 인사이트는 존재할 수 없는 법, 그래서 이 책이 제공하는 데이터는 더 의미가 있다. 그리고 그 데이터의 끝에는 이전에 보지 못한 새로운 교회가 아닌 예수님이 만드신 초대 교회가 기다리고 있다. 결론적으로 다섯 가지를 버리자는 의미가 아닌 본질에 충실하자는 의미로 다가온다. 부흥을 말하는 것이다.

물론 교회 공동체만을 위한 책은 아니다. 한 개인의 성장과 변화에도 도움이 되는 책이다. 갈수록 다변화, 다중화, 다문화 되어가는 시대의 흐름 속에서 매 순간 더 나은 자신이 되기 위한 자기 계발서로도 충분한 가치를 지닌다.

•

손성찬 목사, 이음숲 교회

단순화 할 수 없으나, '유형의 교회'란, 복음을 중심으로, 그 교회가 자리한 시대와 사회 안에서, 구심력과 원심력 사이의 균형과 조화를 적절히 이루어내는 자리이자 이루어내야만 하는 자리라고 생각한다. 문제는 선교적 교회를 꿈꾸는 이들을 제외한 대부분의 일선 목회자들과 그들을 지도하는 신학자들은 그 역할상 구심력에 보다 촛점을 맞출수 밖에 없기에, 밖으로 뻗어나가는 '원심력'의 부재를 늘

실감할 수밖에 없다. 특히 지금, 즉 비종교회되어가는 한국 사회 안에서, 그 중에서도 가장 비종교화되어가는 MZ세대와 교회 사이에는 마치 아브라함과 나사로 사이에 존재했던 것과 같은 절대 넘을 수 없는 큰 구덩이가 형성된 듯 하다.

이런 한국교회의 현실에 경종을 울리는 귀한 책이 탄생했다. 무엇보다 사회의 표층적 변화를 포착해내며 그것을 고민하여 결과물을 산출하는 브랜딩 전문가이자 한국 교회를 사랑하는 저자가 이에 대해 여러가지 이야기를 들려준다. 물론 근래 한국교회 트렌드를 읽어내는 책들이 많이 제공되고 있지만, 이 책은 그저 당장의 시류들을 읽어내고 피상적으로 분석하는 것을 넘어, 교회 밖 사회의 흐름을 읽어내고 선도적으로 준비하고 변혁하게끔 돕는 수많은 인사이트를 제공하고 있다. 또한 쓸데없는 제안이나 충고가 아닌 시대 흐름에 대한 이해를 기반으로 독자가 어떤 관점으로 세상을 바라보고 세대를 바라봐야하는지 관점을 형성하는 데 도움을 준다. 이를 통해 아직 그 구덩이가 완전히 파진 게 아니라, 도리어 메울 수 있음에 대해 호소하고 있다. 저자의 애정어린 호소에 귀를 기울이라.

다만 경고하는 것은 교회의 구심력만 생각하고 바라봤던 이에게는 조금 부담스러운 내용을 담고 있을 수도 있다는 점이다. 그러나 수용여부는 '철학' 문제이나, 이런 소리가 있고, 이런 변화가 실제 일어나고 있음에 대해 아는 것과 모르는 것은 '성실'의 문제이다. 그리고 저자의 의도 자체가 '계몽'이 아닌 '호소'가 목적이라고 느껴진다. 그렇게라도해서 교회의 앞날인 MZ세대를 향한 비전을 일으키고 싶은 마음이랄까? 저자가 이후에 또 다른 책을 저술할지는 모르겠다만, 그간의 고민이 전부 응축된 이 책을 반드시 사서 읽으라. 내용에 동의를 하든 안하든, 이 책을 사서 읽는 것 자체가, 다음세대에 대해 다가가려는 당신의 최소한의 열심일 것이다.

손창남 선교사, 죠이 선교회

초대교회로부터 기독교는 계속 변해왔다. 유대인 중심의 기독교에서 헬라인에게로 복음이 증거되면서 유대인들이 목숨처럼 소중하게 여기던 할례와 율법의 의미가 바뀌었다. 이방인들에게 복음이 전해지는 동안 율법을 열심히 지키는 유대배경의 그리스도인들이 있었다. 하지만 예루살렘의 파괴와 함께 할례와 율법의 전통을 따르지 않는 기독교가 표준이 되었다.

그 후 기독교는 서구의 문명을 중심을 전세계에 퍼져 나갔고 18세기 19서기의 서구 기독교가 기독교의 표준이 되었다. 하지만 이 책에서 자세히 설명하는 것처럼 21세기는 상황 자체가 200년 전과 완전히 다르다. 이제 우리가 알고 있던 기독교의 표준은 더 이상 표준이 아닐 수 있다. 전통을 목숨처럼 지키려던 유대식 기독교가 헬라식 기독교로 바뀌는 것과 유사한 역사적 순간을 우리는 현재 목도하고 있는 것이다.

이 책은 그런 변화를 자연스럽게 받아들이도록 우리를 도와준다. 많은 목회자들이 이 책을 꼭 읽기를 바란다. 아마 고개를 끄덕이는 목회자들이 많이 있을 것이다. 일반 성도들에게도 큰 도전과 유익을 줄 것이다.

•

동역자 양광모, 바로세움교회 담임목사 | 정립재단 이사장

황인권 대표는 쉴 새 없이 이어지는 고단한 여정을 남다르게 버텨온 그리스도인입니다. 남다른 창의성과 집중력, 남다른 부드러움과 견고함, 남다른 교회의 방향성 추구!『5無 교회가 온다』는 이런 아름다운 다름이 만들어낸 결과물입니다.『5無 교회가 온다』는 방향을 알지 못하고 있는 교회에게 현재를 딛고 미래로 나아가야하는 길을 제시하는 나침반입니다. 『5無 교회가 온다』는 본질을 변질시키는 관습에 도전하며, 건강한 한국교회를 꿈꾸게 하는 지침서입니다.

저는 이 책이 주는 신선한 충격이 다음세대 건강한 한국교회의 마중물이 될 것을 확신합니다. 진정한 하나님 나라를 꿈꾸며 마음 아파하는 분들과 함께 이 책이 주는 도전 앞에 서게 되어 행복합니다.

•

유기성 목사, 예수동행운동

"두려움이 아니라 희망이다"

이 책『5무 교회가 온다』는 단순한 미래예측서가 아닙니다. 이미 우리 앞에 도착해 있는 '새로운 교회 생태계'에 대한 통찰이자, 급변하는 시대 속에서 복음의 본질을 어떻게 새롭게 번역할 것인가에 대한 진지한 질문입니다.

저자는 "무(無)"의 언어로 진화된 교회의 모습을 날카롭게 짚어내되, 결코 교회의 본질을 훼손하지 않습니다. 오히려 십자가, 예배, 말씀, 공동체, 리더십이 어떻게 MZ세대 안에서 더 진실하게 회복되고 있는지를 따뜻한 시선으로 보여줍니다.

형식은 달라졌지만, 본질은 살아 있습니다.

이 책은 오늘의 교회를 향한 경고이자, 동시에 희망입니다. 낡은 틀을 붙잡느라 교회를 잃는 것보다, 본질을 붙들기 위해 형식을 바꾸는 용기가 필요한 시대입니다.

이 책을 읽으면서 선한목자교회에서 목회하면서 시도했던 새로운 교회 공동체 생각이 났습니다. 청년들의 젊은이교회, 싱글 세대들을 위한 다윗공동체, 시니어 세대를 위한 갈렙교회, 온라인 세상에 있는 그리스도인을 위한 온라인 교회를 세우면서 가졌던 마음이었고 비젼이었습니다. 예수동행운동을 하면서 예수동행교회를 세웠고, 청년 공동체 비홀드교회, 온라인 세상에 세워진 로그인 교회도 그런 비젼으로 세워진 교회입니다.

'5무'는 결핍이 아니라 전환이며, '사라짐'은 곧 '다시 태어남'의 과정임을 저자는 탁월하게 증명합니다. 익숙한 교회가 무너지는 것처럼 보일지라도, 하나님은 여전히 새로운 방식으로 교회를 세워가고 계심을 이 책은 설득력 있게 말해줍니다. 교회의 다음 세대를 준비하는 모든 사역자와 리더들에게 이 책은 방향이 될 것입니다.

이 책은 단지 시대 흐름을 따라가는 안내서가 아닙니다. 오히려 변화 속에서도 흔들리지 않는 복음의 핵심을 붙들고, 그것을 새로운 언어와 방식으로 살아내려는 '신앙의 용기'에 대한 기록입니다.

시대를 읽는 안목과 목회 현장의 체감이 맞물려, 독자들은 이 책을 통해 교회에 대한 막연한 위기의식을 넘어, 하나님께서 준비하고 계신 새로운 질서의 탄생을 목격하게 될 것입니다. 한국 교회의 다음 세대를 위해 꼭 읽혀야 할 책입니다.

•

유임근 목사, KOSTA 국제총무

황인권 대표는 매번 KOSTA에 와서 강의할때마다 잔잔하지만 의미 있고 가치있는 주제를 그의 특유의 섬세함을 바탕으로 깔고 잔잔함과 온유함으로 코스탄들에게 던져준다. 역시나 <5무 교회가 온다>라는 책을 읽으며 감탄과 놀라움을 감출 수가 없다.

나는 KOSTA와 연합운동사역을 하며 오대양육대주를 매년 한 바퀴씩 돌아보는 사역을 하고 있다. 수많은 청년들과 청소년들을 만나고 동서양의 교회들을 만난다. 부유한 나라, 가난한 나라, 기독교의 역사가 오래된 나라들, 비교적 기독교의 역사가 얼마 되지 않는 나라들의 교회들의 상태와 상황을 보게 된다. 아울러 그 나라와 교회들의 부흥을 간절히 사모하며 기도해 오고 있다. 특히 그 중에서도 교회의 역사가 오래되었고 과거에 복음이 흥왕했던 곳에서 다시 부흥의 불꽃이 솟아 오르기를 더욱 기도해 오고 있다. 왜냐하면 마치 소위 기독교신앙조차도 문명의 이동현상과 같이 돌고 도는 하나의 현상으로 평가되지 않기를 바라기 때문이다. 그래서 참된 신앙의 부흥이 사그라드는 혹은 꺼져 버리고 차갑게 식어 버렸다고 여겨지는 교회의 현실 속에서도 다시 뜨거운 불꽃을 마침내 피워 올리는 모습을 보고 싶기 때문이다.

황인권 대표의 진지한 신앙과 일터가 함께 빚어낸 이 책에서 섬세한 진단과 더불어 열정적인 소망을 동시에 마주하게 된다. 성속의 개념 놀이꾼들에게 휘둘리지 않고 앞으로의 교회가 이 시대 속에서 어떠한 모습의 공동체성과 신앙성숙과 성장을 지향해야하는지를 다양한 예제를 들어서 마치 코스탄들에게 강의하듯이 펼쳐 놓으며 차근차근히 말하고 있다. 귀 있는 자는 들을진저.

•

유정민 목사, 원바디 커뮤니티

교회는 비가시적인 예수 그리스도를 가시적으로 증명해야 하는 이 시대의 성육신 된 예수 그리스도의 몸입니다. 그렇기 때문에 변하지 않는 복음의 본질을 변화하는 세상 속에서 어떻게 나누어야 하는지 교회는 세상 속으로 들어가 끊임없이 고민해야 합니다.

오늘날의 세대는 완전히 다른 방식으로 살아갑니다. 그들은 더 이상 다음세대가 아니며 기성세대가 되었고 그들은 교회의 미래가 아닌 현재의 교회가 되었습니다. 생애주기에 따른 순차적 삶의 모형이 아닌, 창의적이고 새로운 일들을 끊임없이 시도하며 도전하는 환경 가운데 유연하게 살아가는 세대입니다.

저자는 오늘날의 트렌드들을 분석하며 그 급박한 변화 가운데 발 맞춰가는 교회 들을 소개하며 세속사를 관통하는 하나님의 일하심을 이 책을 통해 드러내고 있습니다. 동시에 오늘날의 한국 교회는 어떻게 성육신적으로 세상 한복판으로 들어가야 하는지 저자는 우리에게 질문을 던져줍니다.

어떻게 세상에 보냄 받은 예수님을 따르는 자들로서 교회는 그 크고 넓으신 예수의 아름다우심을 증언할 수 있을까요? 어떻게 복음의 본질을 붙잡으며 유연함과 거룩함을 세상에서 노래할 수 있을까요? 하나님께서는 이 시대에, 이 세대들에게 역사하시는 방식은 무엇이며, 교회는 어떻게 현재의 하나님의 말씀을 받는 새 부대로 변화될 수 있을까요?

이 책을 열면 예배당 밖, 세상 한복판에서 두 팔을 벌려 사람의 전인격을 통해 그들을 향해 걸어가시는 목마름이 가득한 예수님을 엿볼 수 있습니다. 젊은 세대의 언어와 감성을 이해하며, 그 안에 하나님께서 심어놓으신 은혜와 소통으로 세대 간의 연결과 이해가 필요하다면 꼭 읽어봐야 할 책입니다.

저자는 글과 사진과 데이터들을 통해 시대를 관통하며 교회에게 다양한 질문을 던져옵니다. 이 책은 이 시대의 교회를 향한 예수님의 애틋함이 묻어있습니다. 단순히 교회의 생존을 위한 고민이 아닌 성육신 하여 우리의 일상에 침투해오시며 과거로부터 현재와 미래에 역사하시는 하나님의 은혜의 향연을 여전히 꿈꾸게 합니다.

이루다 목사, 키친 다솜

저자는 오랜 시간동안 시대적 책임감을 가지고 어떻게 교회를 사랑해야 하는지를, 그리고 어떻게 그리스도인의 삶을 살아내야 하는지를 끊임없이 고민하고 씨름한 사람이다. 통찰력있는 그의 지적은 늘 아프지만, 스스로가 대안이 되고자 늘 어렵고 좁은 길을 먼저 걸어가던 사람이라는 사실을 잘 알고 있기에 '5무 교회가 온다'는 교회를 사랑하는 그의 마음과 교회밖에서 교회를 본 그의 냉철함을 만날 수 있는 책이었다.

'5무 교회가 온다'는 교회를 향한 다양한 질문과 생각을 던지고 있을뿐 아니라 위기를 공감하면서도 시도하지 않는 교회들에게 부인할 수 없는 데이터로 더 이상 물러설 땅이 없음을 역설하고, 교회의 변화는 본질을 지킴임을 강조한다. 시대적이고 트랜드하지만 본질적이고 진지한 메시지는 이 책을 읽는 교회들에게 거울앞에 서는 용기를 요구하겠지만 분명히 교회가 교회되는 아름다움을 경험할 수 있도록 도울 것이다.

개인적으로 이 책이 나와 같이 고민하던 모든 분들에 좋은 선물이 되어줄거라는 확신이 든다.

작은 목동, 이동원 목사 | 지구촌 목회리더십센터 대표

우리 시대는 신속한 변화에 직면하고 있습니다. 모든 것이 변하고 있습니다. 손을 쓸 찬스도 없이 황급하게 변하고 있습니다. 이미 AI

시대 한 복판에 들어와 있습니다. 이제 이런 변화에 준비되지 않은 공동체는 효용가치를 상실하게 될 것입니다.

<5무 교회가 온다>…, 가능할수 있는 미래를 상상하고 준비할수 있다면 오늘의 교회는 미래에도 당황하지 않고 그 사명을 수행할 것입니다. 그런 미래를 위하여 창조적인 사역자 황인권 실장의 이 예언적인 책의 일독을 강추합니다.

이재윤 목사, 주님의숲교회 | 나니아의 옷장

나름 진보적인 사역을 해온 편이지만 '5무교회'라는 제목을 보았을 때는 '정말 이것들이 없어도 될까?'라는 보수적인 생각이 들었습니다. 그런데 가만 생각해보니 저희 교회가 이 다섯가지가 없더라구요. 물론 '이것들을 없애야지'라고 한 것도 아니고 '이것들은 없어야 한다'는 것도 아니었지만…저희 상황상 자연스럽게 그렇게 되었습니다. 그렇게 보면 본서는 새로운 시도를 하는 교회들의 실존적 현장을 예언자적으로 잘 잡아내었다는 생각이 듭니다. 왜 이런 형태의 새로운 교회들이 필요할까요? 주님이 새로운 부르심을 주시기 때문일 겁니다. 저자께서 꽤 오랫동안 고민하고 애정을 담아온 부분이라는 걸 알기에 저 역시 진심을 담아 이 책을 추천드립니다.

이해동 목사, 다하나 국제교회

영국 기독교 하락시대에 뉴비긴의 '교회란 무엇인가?'가 나왔다. 이는 미국으로 가서 미국 기독교하락시대에 '선교적 교회론'으로 재탄생되어 한국에 수입되었다. K-POP은 서양과 일본음악 COPY에서 독립적 장르로 태어났다. 하지만 한국적 신학은 아직 아쉬움이 많다. '5무교회가 온다'는 한국 기독교 하락시대에 한국적 신학 태동에 중요한 기초자료를 제공해 준다.

예수님은 천지의 기상은 분간하면서 이 시대를 분간하지 못한다고 책망하신다. 이는 구약이 끝나고 예수님이 오신 신약시대가 시작된 것을 알지 못한다고 책망하시는 것인데, 이것은 영적인 눈이 열려야 가능하다. 쉽지 않음에도 예수님은 왜 스스로 옳은 것을 판단하지 못하느냐고 꾸짖으신다.(눅12:57) 이 시대를 향한 주님의 마음을 깨닫는 지혜가 부족하다면 다른 사람의 지혜를 빌려야 한다. '5무교회가 온다'가 그런책이다.

'5무교회'는 Naming이다. 그 이면에는 기독교 하락기라는 시대상황속에 교회의 본질이 무엇인가를 고민하는 씨름이 담겼다. 神인식의 씨앗이 모든 사람의 마음에 담겨 있듯이, 독자 각자가 이 시대속에 주의 마음이 담긴 교회의 본질이 무엇인가?를 논쟁하며 이 책속에서 찾고, 이 책이 현시대에서 한국적 교회론을 찾아가는 시대속의 나침판이 되기를 소망한다.

●

임영광 목사, CGN 퐁당제작본부장

이 책을 읽으며 한 예화가 떠올랐습니다. 미국의 어느 한 가정에 유아세례를 받은 아기를 축하하기 위해 많은 손님들이 모였습니다. 좁은 집 안에 손님들이 외투를 벗어 침대 위에 쌓아두었는데 아무도 그 밑에 이 날의 주인공인 아기가 잠들어 있을 줄은 몰랐고 결국 아기는 목숨을 잃었다는 이야기입니다. 형식과 외적인 것에 집중하다가 정작 소중한 '본질'을 놓치고 있는 우리의 자화상 같습니다.

《5무 교회가 온다》를 읽다보면 '무거운 외투'에 숨이 막혀서 교회를 떠나가는 젊은이들을 다시 바라보게 됩니다. 막막했던 청년과 청소년 목회에 한줄기 빛이 보이기 시작합니다. 완벽한 타이밍에 나타난 이 책을 적극 추천합니다.

임형규 목사, 라이트하우스 서울숲 담임

라이트하우스 무브먼트에서 교회 개척을 준비하는 사역자들을 모아서 12주간 교육을 할때에 반드시 진행하는 강의가 있다. 교회 브랜딩에 대한 것이다. 누군가는 교회가 무슨 브랜딩이 필요하느냐며 세속에 찌들었다고 생각할지도 모르겠다. 몰라서 하는 말이다. 교회 이름을 정하는 것은 브랜딩이다. 예배당을 인테리어 하는 것, 예배 순서를 정하는 것, 주보를 디자인 하는것, 교회 간판을 거는 것. 이 모든게 브랜딩이다. 이것들의 의미와 가치를 일관되게 할때는 매우 효과적인 브랜딩이 되지만, 큰 연관성 없이 이름 짓고, 인테리어하고, 주보 만들고 각자 따로 놀게 할수도 있다. 자, 이제 그렇다면 당신은 무엇을 원하는가?

교회를 개척하려는 목회자들을 수도없이 컨설팅 하다보니, 교회 브랜딩에 대한 책을 쓰고 싶다는 생각을 막연하게 하고 있었다. 이 책을 보고는 마음을 완전히 접게 되었다. 그냥 이 책을 보면 된다. 향후 10년간 이 책은 교회 브랜딩에 대한 교과서가 될 것이다. 황인권 대표님께 감사하다. 나의 수고를 덜어주어서. 이 책은 앞으로 사역을 하려는 목회자들에게 나침반이 되어줄것이다.

정승권 PD, CBS TV 편성부장 | 전 CBS 디지털미디어센터장

저는 트렌드를 누구보다 먼저 읽고, 사람들의 마음을 움직이는 커뮤니케이션 방식에 대해 깊이 고민해온 방송 PD입니다. 미디어의 흐름을 실험하고 경험하며, 대중의 공감과 참여를 이끌어내는 방법을 찾기 위해 끊임없이 도전해왔습니다. 그런 저에게 황인권 작가의 『5무교회가 온다』는 한국 교회와 시대 간의 간극을 예리하게 짚어 내고, 그 미래를 모색하는 데 있어 『트렌드 코리아』 시리즈나 『한국 교회 트렌드』 시리즈에 버금가는, 더없이 귀한 '트렌드 관찰서'로 다가왔습니다.

이 책에서 특히 인상 깊었던 점은, 저자가 신학을 공부하고 사역의 경험이 있음에도 어린 시절 꿈이었던 디자이너의 길을 선택해 전략 브랜딩 전문가로 활동해온 독특한 이력에서 비롯된 콘텐츠 구성과 메시지 전달 방식입니다. 그의 시각은 교회를 내부의 시선으로만 바라보지 않고, 교회 밖 세상의 언어와 관점으로 이야기하려는 시도를 담고 있습니다.

특히 방송 콘텐츠를 제작하며 시각적 요소와 스토리텔링의 중요성을 누구보다 잘 아는 제게, 이 책은 단연 눈길을 사로잡고 집중하게 만드는 구성으로 다가왔습니다. 성수동의 감각적인 상점들, 더 현대 서울, 현대카드 라이브러리, 앤트러사이트 카페, 데스커, YMC, 지역 명소 등 책 곳곳에 등장하는 풍부한 사진 자료들은 텍스트로는 전달하기 어려운 오늘의 라이프스타일과 젊은 세대의 취향을 친절하게 보여주며, 독자가 마치 그 공간에 직접 들어선 듯한 몰입감을 제공합니다.

오늘날 빠르게 변하는 사회 속에서 교회의 성장과 지속 가능성을 고민하는 모든 분들께 이 책을 강력히 추천합니다. 『5무교회가 온다』는 멈춰 선 한국 교회의 현재를 돌아보게 하고, 현대 사회의 언어와 시각으로 세상과 소통하며 다시 동네 속으로 걸어 들어갈 용기를 줍니다. 탁월한 디자인과 뛰어난 가독성은 이 여정을 더욱 즐겁고 의미 있는 경험으로 만들어줄 것입니다.

정윤선 대표, 윤선디자인

『5무 교회가 온다』는 단지 다음 세대의 교회 이탈을 우려하는 책이 아니다. 오히려, 그들이 '교회를 떠난 것'이 아니라 '다른 삶의 방식으로 이동한 것'이라는 저자의 통찰은, 이 책 전체를 관통하는 가장 날카롭고도 따뜻한 시선이라 생각한다. 나 또한 그 관점에 깊이 공감한다.

디자인과 브랜딩을 업으로 하는 사람으로서, 교회 역시 이제는 기존의 습관과 언어를 넘어선 새로운 표현과 도전이 필요하다고 믿는다. 하지만 우리는 동시에 기억해야 한다. 교회를 이루는 사람들은 MZ세대만이 아니며, 복음은 특정 세대만을 위한 언어로 전달되어서는 안 된다는 사실을.

결국, 교회 브랜딩이란 눈에 보이는 아름다움뿐 아니라 보이지 않는 '본질'을 향한 설계여야 한다. 건물의 외관과 인테리어를 바꾸는 것도 중요하지만, 그 안을 채우는 사람이 도덕성과 영향력, 복음의 정직한 전달자가 되지 않는다면, 아무리 공들인 공간도 허공에 머물 수 있다.

그래서일까. 나는 이 책이 단순히 '새로운 교회 모델'을 제시하는 것이 아니라, 오히려 우리 모두에게 이렇게 묻고 있다고 느낀다. "우리는 지금, 본질을 향하고 있는가?"

이 책은 지금 우리가 어디쯤 와 있는지를 묵직하게 짚어준다. 그리고 다가올 교회의 새로운 시간 앞에, 우리가 어떤 지혜와 태도를 준비해야 하는지를 조용히 이끌어준다.

제레미 윤 목사, 서핑 처치

새로운 시대에 맞는 새로운 사역들이 쏟아져 나온다. 막막한 현실에 이미 사라진 모델들을 넘어 변화를 만들어갈 모델들이 분명히 존재한다. 복음을 가치의 중심에 둔 사역들은 분명 이전 사역들의 기성화에서 새로운 물결을 풀어간다. 모든 불가능을 뚫고 나온다. 단순히 사람의 힘이 아니라 시대를 통찰하는 눈과 하나님을 사랑하는 뜨거운 심장과 이를 시기와 상황에 맞게 연결해 사용할 수 있는 창의적 대범함이 그들에게는 있다. '대범'이라는 단어가 필요한 시대에 살고 있다. 오무교회는 이러한 시대에 성령에 충만한 지혜로 담대히 복음을 이야기할 수 있는 통찰이고 하나님의 선물이다.

희망이 사라지는 세대 내일을 예측하기 어려운 시대에 5무 교회는 날카롭고 집중력 있는 분석으로 현시점과 오는 세대를 볼 수 있게 해줄 안내자이다. 예리한 판단으로 다양한 현상들을 살피면서도 따뜻함을 잊지 않았다. 오무교회가 한국과 해외 디아스포라 한인 다음 세대 사역자들의 손에 들린다면 사라진 듯한 희망의 빛이 다시 선명히 드러날 것이다. 많은 기성교회의 손에 들려 변화가 한반도 곳곳에서 나타날 날이 올 터이니 이 책의 글귀 하나하나가 반갑고 마음이 뜨거워진다.

•

조성돈 교수, 실천신학대학원

이 책을 읽으면 연신 고개가 끄덕여진다. 다양한 사례와 참고도서를 내놓고 있는데 전혀 상상할 수 없는 그 무엇이 아니라 우리 주변에서 볼 수 있는 것들이고, 때로 그럴 수 있을 거라 생각한 것들이다. 그러한 것들이 저자의 상상력과 통찰력에 이끌리어 한 줄로 선다. 그래서 그 줄을 따라가다 보면 낯선 그 무엇이 아니라 언젠가 보았던 그 무엇이 되어 나타난다. 그러다 보면 시대가 보인다.

적지 않은 사람들은 시대의 선지자 노릇을 하려 한다. 시대의 흐름을 짚어주고 미래를 예측한다. 그래서 10년 후면, 20년 후면 어떻게 될 것이라고 하면서 겁을 준다. 소위 이야기하는 공포마케팅이다. 그런데 이 책은 겁을 주는 것이 아니라 가능성을 열어 준다. 미래를 이야기하는 것이 아니라 현실을 이야기한다. 바로 우리 앞에 있는 미래이다. 저자는 많은 발품을 팔았다. 그래서 이 책은 보면 관광책자 같다는 생각이 들었다. 관광책자를 읽고 여행지를 가보면 때로 낯선 땅이 친숙하게 다가온다. 그렇듯 이 책을 읽고 저자가 이야기하는 곳을 가보고, 저자가 읽었던 그 책을 따라 읽어보면 낯선 미래가 아니라 친숙한 미래가 보일 것 같다.

・

조성실 목사, 소망교회

어느 순간부터 교회는 '변화'라는 단어 앞에 주춤거리기 시작했다. 변화를 말하는 이들은 진리를 가볍게 여기는 이단시되었고, 낡은 틀에 균열을 내려는 시도는 '불경'으로 간주되곤 했다. 그러나 이 책 『5무 교회가 온다』는 그 두려움을 뚫고 용기 있게 묻는다. "왜 지금, 교회는 청년들의 발걸음을 붙잡지 못하는가?" 저자는 문화와 신앙, 디자인과 공동체에 대한 예민한 감각으로, 무너진 교회의 외벽을 허물고 그 안에 생기를 불어넣는 질문들을 던진다. 그가 보여주는 '5무 교회'는 파괴가 아닌 재구성, 해체가 아닌 회복의 이야기다.

이 책은 단순한 문화 보고서나 트렌드 해설서가 아니다. 이는 곧 무너질 것만 같은 시대의 교회에 건네는 간절한 호흡이며, 복음을 품고 다시 길을 찾고자 하는 공동체에게 주는 이정표다. 시대의 언어를 해독하고, 하나님 나라의 감도를 읽어내는 저자의 시선은 예리하면서도 따뜻하다. 새로운 교회를 꿈꾸는 이들에게, 이 책은 반드시 한 번은 지나야 할 '광야의 길잡이'와도 같다. 오래된 영광의 기억에만 머물러 있는 이 땅의 교회들이여, 이제 이 책과 함께 다시 길을 떠나야 할 때다.

지용근 대표, 목회데이터연구소

이 책은 브랜딩·디자인 전문가로서 시각적·디자인적 재료를 통해 한국교회와 MZ 세대를 진단하는 저자의 탁월한 접근이 돋보인다. 예를 들어 MZ세대를 "자신에게 온전히 집중해 주기 원하는 세대"로 설명한 뒤, 국제 예수전도단 웹사이트의 '개인 맞춤형 디자인'을 함께 제시하는 방식은 단순한 설명을 넘어 정서적 공감과 이해를 동시에 이끌어낸다.

'5무 교회'는 단순한 현상의 나열이 아니다. 이미 도래한 교회의 미래를 드러내며, 기존 교회의 문법이 통하지 않는 시대의 징후를 명확히 포착한다. 십자가 없는 교회 로고, 새벽예배 없음, 성경공부 없음 등 다섯 가지 키워드는 충격적이지만, 새로운 여정이라는 언어로 읽을 때 전혀 다른 가능성을 제시한다.

시대와 세대의 흐름을 반영한 교회의 리브랜딩을 고민하는가? 변화를 두려워하지 않고, 교회 안에서 새로운 방향으로 떠남을 준비하는가? 그렇다면 이 책에서 그 방향을 찾을 수 있을 것이다.

최기영 기자, 국민일보

진지함과 트렌디함은 쉬이 결합하기 어려운 요소다. 농도 깊은 몰입이 무게감을 덜어낸 유행성과 맞닿기 어렵기 때문이다. 바로 이 대목이 '5무교회가 온다'의 각장에 배어있는 서사가 특별하게 읽히는 이유다. 저자는 진지하게, 동시에 감각적인 통찰로 한국 교회의 오늘을 비춘다.

'5무교회가 온다'는 단순한 교회 비판서도, 자극적인 선언서도 아니다. 디자인과 신학, 도시와 공동체, 그리고 향기의 언어까지 품은 '트렌드 관찰서'이자 시대의 교회를 위한 '브랜딩 묵상문'이다.

저자 황인권 대표는 오랜 시간 브랜딩을 해온 디지털미디어 디자이너이자, 전도사로서 사역 현장을 경험한 신학도였다. 현재는 '파르품 삼각'이란 로컬 퍼퓨머리를 지키며 도시와 사람의 기억을 향으로 번역하고, 그 안에서 '말씀'의 장면을 향기로 환기시키는 독특한 여정을 살아간다. 서울 용산구 삼각지의 골목에서 7년간 2000여 km를 걸으며 동네의 향을 수집하고, '남산' '한강' '이태원'이란 이름의 향으로 풀어낸 그의 감각은, 교회라는 공간에 대한 질문으로 다시 돌아온다.

'5무교회가 온다'는 그런 저자의 질문으로 가득한 책이다. 십자가, 새벽예배, 구역, 성경공부, 장로 직분이 없는 교회는 과연 교회일 수 있는가. 저자는 교회의 본질을 되묻는다. 더불어 MZ세대가 '향기'라는 비가시적 감각에 열광하는 시대에, 교회가 여전히 눈에 보이는 것만을 붙드는 현실을 직시한다.

책은 젊은 세대가 떠난 이유를 냉철하게 분석하는 동시에, 그들을 다시 환대할 수 있는 교회의 감각을 모색한다. 브랜딩이란 옷을 입고 공동체를 다시 직조하고자 하는 이들에게, '5무교회가 온다'는 깊이 있는 인사이트이자 전에 없던 대안이 될 것이다. 이제, 교회도 다시 향기로 기억될 준비를 해야 하지 않을까.

홍명직 • 한슬기, 패스 치앙마이

젊지 않은 나이에도 여전히 '젊은 선교사'로 불리우며 살아온 십여 년동안 느낀 점은, 세상은 빠르게 변화해가는데 교회는 여전히 변하지 않고 있다는 부분이었다. 개혁하여 부조리함을 뚫고 나가던 기개는 사라지고 가진 것 마저 빼앗길까 웅크린 채, 여전히 젊은 선교사가 부족하다, 청년들이 헌신하지 않는다며 걱정한다. 그토록 원하는 '젊은세대'에 대한 이해와 공감이 부족한 내부의 원인은 개탄스럽게 여기지 못하고, 현상의 원인을 밖에서만 찾고 있는 것이다. 이 책에서 짚고 있는 부분이 바로 이 부분이다.

공동체주의에서 개인주의로 전환되어가는 시대다. 클래식한 것은 좋아하지만 구식은 싫어하는 세대가 어느 새 기성세대의 반열에 올랐다. 시대의 흐름이 옳고 그름을 떠나서, 교회의 존재목적은 우리끼리 숨어서 뭉쳐있는 것이 아니라, 세상 한가운데 들어가 복음을 살아내는 소금으로서의 삶에 있음을 기억해야 한다. 골수를 쪼개시는 예리한 성령의 말씀을 세상에 들이댈 수 있으려면, 그 세상이 어디를 향해 가는지 면밀히 파악해야 할 것이다. 이 책의 저자는 그 세상을 깊이있게 관찰하고 분석하여 정리하는 역할을 성실히 수행했고, 이제 그 내용을 교회에 나누려 한다.

긴박한 상황일수록 거추장스러운 장식은 필요없다. 반드시 지켜야 할 교회의 본질은 무엇이며, 미련없이 버려도 될 비본질적인 부분은 무엇인가. 5무교회란, 긴박한 말세에 치열한 영적전쟁을 치를 수 있을만한, 정예부대로 무장된 교회를 의미하는지도 모른다.

홍정호 목사, 로그인처치 | 예수동행미니스트리 전 디렉터

저자인 황인권 대표와는 7년간 '예수동행 미니스트리' 사역을 함께 해오며, 월간 홍보지와 저널, 브랜딩 프로젝트 등을 통해 긴밀하게 동역해 왔습니다. 만날 때마다 그의 통찰력과 분석력, 그리고 무엇보다도 깊은 영성에 감탄하지 않을 수 없었습니다. 하나님께서 이 시대 교회를 흔들어 깨우기 위해 보내신 귀한 사역자라 생각합니다. 그런 저자가 내어놓은 『5무 교회가 온다』는 오늘날 우리가 교회로서 어디에 위치해 있는지를 성찰하게 만듭니다.

이미 세상은 훨씬 앞으로 나아가 있습니다. 세상은 과거의 기준에 머무르지 않고, 현재의 흐름에 맞추어 변화하고 수용하며 이미 미래로 나아가고 있습니다. 그런데 교회는 여전히 익숙한 틀 안에 머물며 정체되어 있는 듯한 현실이 아프게 다가옵니다. 교회 역시 과거의 전통에만 머무르지 않고, 하나님의 뜻에 따라 개혁되고 갱신된다면, 그 미래의 자리에 함께할 수 있을 것입니다.

이 책은 우리를 그 길로 안내하는 첫 번째 이정표가 될 것이라 확신합니다. 앞으로의 교회를 이끌어갈 새로운 방향을 제시하는 지도이며, 교회가 스스로를 혁신할 수 있는 통찰을 담은 책입니다. 다만, 책이 너무 이른 시기에 나온 것은 아닐까 하는 우려도 듭니다.

『5무 교회가 온다』는 단지 '무언가가 없다'는 사실을 말하는 것이 아닙니다. 오히려 다섯 가지의 부재를 통해 시대의 전환을 진단하고, 그 부재의 자리에 무엇이 들어와야 할지를 제시합니다. 환경이 바뀌면 시스템과 문화, 그리고 기술도 새롭게 구성되어야 합니다. 이 책은 바로 그 지점을 정확하게 짚고 있습니다. 교회 현장에서 다양한 경험을 한 저자는 정직하고 깊이 있게 독자들에게 미래를 보여주고 있습니다.『5무 교회가 온다』는 모든 교회가 함께 읽고, 공동체적으로 토론하며 고민해야 할 필독서입니다.

•

황성수 목사, 한사랑 교회

이 책을 읽는 분들은 다섯가지가 없는 교회라는 책 제목에 겁먹지 말기를 바랍니다. 오히려 이 책은 교회에 무엇이 있어야/있었어야 하는지를 말하고 있으니까요. 각 챕터마다 지은이는 당신의 교회에는 이런 것이 있냐며 다정하게 물어오는데, 아차 싶습니다. 당장 반성문이라도 써야할 판 입니다. 그래도 책을 읽는 내내 아프다고 비명을 지르면서 묘하게 시원한 느낌을 받습니다. 황인권 대표는 한국 교회에게 아직 소망이 있다는 이 간단한 말을 건네고 싶어서 이 많은 장소들을 방문해 보고, 이 많은 책들을 다 읽었단 말인가? 그저 저자의 수고에 고마울 따름입니다.

제가 알고있는 황인권 대표는 저자는 탁월한 스토리 텔러이자 천재적인 기획자 입니다. 벌써 10여년 가까이 함께 교회의 디자인 작업을 함께 해 오지만, 단 한 번도 실망한 적이 없었던 것에는 이런 박물관 규모의 지식과 인사이트가 그의 머릿속에 출렁이고 있었기 때문이겠네요. 그가 추천하는 향수 냄새를 맡고 그와 함께 성수동 거리를 걸으며 참 많이 배웠습니다.

제가 지금까지 보았던 모든 실천신학 책들 중 가장 깊고 재미있었습니다. 단숨에 읽으며 중간 중간 내가 장로님들께 하고 싶었던 말이 이거였구나 하는 깨달음도 얻게 됩니다. 이 책은 나만 읽고 싶다는 욕심도 없어져야 하는 것들 중 하나겠죠? 빨리 우리교회 장로님들께, 동역하는 목사님, 전도사님들께 이 책을 권하고 같이 읽고 싶은 마음이 굴뚝 같습니다. 저자랑 트레바리 하나 시작해도 되겠네요.

차례

추천사 • 6

들어가는 글

미국과 한국, 복음이 빛을 잃다 • 41
5무 교회가 왔습니다 • 43
목사의 아들로 태어나 신학교를 졸업했습니다 • 44
필그림하우스에 가보신 적이 있나요? • 45
트렌드 사파리를 갑니다: 밖에서 보다 • 47
그렇다면 우리는 무엇을 보아야 하는가? • 50
4개의 구성, 10개의 키워드, 하나의 결론 • 50

배경

01 • 모바일 Mobile

누구나 지금은 한 나라의 왕처럼 살고 있어요 • 57
모바일 혁명이 일상을 바꿨습니다 • 58
물건을 다운로드하는 사람들 • 60
명품 브랜드의 심볼이 멋이 없어지는 이유 • 61
쇼츠와 릴스를 보는데 점점 더 많은 시간을 쓰고 있습니다 • 63
우리 교회 인스타그램 계정 있나요? • 64
팬데믹이 시간을 10년 앞당겼습니다 • 66
인스타그램으로 교회를 개척해요: 페이지 처치 • 68

02 • 미 제너레이션 Me Generation

MZ세대가 기성세대가 되다 • 71
Generation Me • 73
장로님 자녀들은 왜 교회를 떠났을까? • 74
순차적 인생 모형이 유효하지 않습니다 • 76
한 달 살기 유행과 디지털 노마드 • 79

03 • K

삼각지에 향수 매장을 냈습니다 • 83
아시아 2038: 세상을 변화시킬 10가지 미래 동인 • 86
우리는 로봇과 결혼할 수 있을까? • 88
대퇴사 시대와 뉴파워 • 90
공장식 교육의 종언: 서울대 대신 사이버 대학을 선택했어요 • 92
도한 놀이: 경쟁 지향에서 문화 지향으로 • 94
오징어 게임2를 22일 만에 제친 넷플릭스 드라마, XO 키티 시즌2 • 96
영어 예배를 시작해 볼까요? • 97
VCHA라는 그룹을 아시나요? • 98

──────── 현상 ────────

04 • 라이프스타일 Lifestyle

교회 재건축을 고민하신다면 더현대서울에 가보세요 • 103
모두가 반대한 여의도에 백화점 세우기 • 105
청년들은 페르소나 공간에만 갑니다 • 106
MZ세대는 부산에서 성수동까지 캐리어를 끌고 옵니다 • 108
공간을 어떻게 구성해야 하는가? 백화점에서 테마파크로 • 110
이름을 바꾼다는 것은 모든 것을 바꾼다는 것 • 114
적에게 심장을 내어줄 수 있는가? 백화점이 뽑지 않는 사람은? • 116
라이프스타일 시대가 왔습니다 • 118
서울일러스트페어, 언리미티드 에디션, 인벤타리오를 아시나요? • 119
식빵을 먹으러 일본으로 갑니다: 센트레 더 베이커리 • 122
전도사님들의 향수가 점점 진해지는 이유는? • 124

05 • 리추얼 Ritual

MZ세대가 종교에 관심이 없다구요? • 129
사주와 타로에 묻다 • 130
인센스와 아스티에 드 빌라트, 태그미 키링 • 133
리추얼과 명상, 자기돌봄(Self-care) • 136
마음챙김과 자기돌봄 열풍, 그리고 불교의 새로운 움직임 • 138
스스로 몸을 소중히 합니다: 드라이 제뉴어리, 오운완, 저속노화 • 140
러닝이 예배입니다, 크루가 된 동네 친구들 • 143
글쓰기가 예배입니다: 필사, 일기, 묵상. 함께 쓰기 • 147

06 • 커뮤니티 Community

외로운 청년들은 친구를 입양했습니다 • 153
줄서는 독서모임, 트레바리 • 156
소셜링과 '의무 없는 연결': 넷플연가 • 158
공간과 취향을 나누는 새로운 구역모임: 남의집 프로젝트 • 161
취향 플랫폼을 이용해 보셨나요? 프립과 피치바이피치 • 161
삶과 일의 방식이 달라지는 15분 도시가 옵니다 • 162
함께 커뮤니티를 만들어요: 모베러웍스와 디퍼, YMC • 163
함께 모여 살고 일하기: 로컬스티치 서교 크리에이터 타운 • 166
반려동물과 함께 비행기를 탑니다 • 168
도심속의 구도자: 퍼펙트 데이즈 • 170

07 • 로컬 Local

지방 소멸, 하고 싶은 일을 살고 싶은 곳에서: 로컬 • 175
퀵턴투어를 아시나요? 네이버 로컬 브랜드 리뷰 • 178
경주 황리단길과 수원 행궁동: MZ세대가 사랑한 새로운 로컬 • 180
교회가 봐야 할 것은 무엇인가요? • 183
'머무는 여행(stay-type travel)'은 무엇인가요? • 184
부티크 호텔의 시대: 머무는 공간에서 경험하는 공간으로 • 184
부티크 호텔의 주요 특징 • 185
에이스 호텔: 동네 사람이 놀러오는 호텔이 되다 • 186
시몬스 그로서리 스토어: 침대 없는 침대 브랜드의 공간 이야기 • 187
구미 라면축제: 라면을 먹으러 구미까지 갑니다 • 189
김천 김밥축제: 1만 명 축제에 10만 명이 몰리다 • 191
필그림하우스 천로역정, 주말을 둘러싼 싸움 • 192
농부시장 마르쉐@: 도시에서 펼쳐지는 새로운 공동체의 장 • 194
교회가 동네에서 의미 있는 존재가 된다는 것 • 195

적응

08 • 노 크로스 No Cross

북반구 교회의 새로운 도전: 프레쉬 익스프레션즈 • 199
아웃리치 매거진: 지금 미국에서 성장하는 교회는? • 203
2024 아웃리치 선정 가장 빠르게 성장한 교회 20위 • 204
애플의 키노트때 스티브잡스는 왜 양복을 입지 않았을까요? • 205
목사님들이 양복을 입지 않기 시작했습니다 • 207
설교(Sermon)에서 메시지로 • 208

로고에 십자가 없음, 우려스러운 미국 교회? • 210
왜 요즘 맛집들은 간판이 작을까? • 213
가나안 교인과 디처치드 • 215
웰컴 홈: 한국 교회는 첫째 아들이 다니기 좋은 교회입니다 • 216

09 • 팀 Team

유니세프 팀 - 요즘 NGO들은 왜 반지를 나눠줄까? • 221
Leadership에서 Team으로 • 223
아트디렉터가 있는 포드 교회 • 230
새신자 성경공부가 없어지고 있습니다 • 232
내 맘대로 만드는 구역 모임: 소그룹 • 234
5무 교회는 틀린 말입니다 • 236

10 • 팝업 Popup

성수동으로 트렌드 투어를 떠나요 • 239
어떤 공간을 만들어야 하나요? 듀오링고 뉴욕 오피스 • 248
우리 교회는 언제 리브랜딩했나요? • 251
오래된 명소에서 젊은이가 모이는 교회로: 런던 해크니 교회 • 253
로고에서 십자가를 빼다: 비홀드 교회 • 255
팝업 처치 • 255

마치며 • 여정 Journey

사람들의 활동을 여정이라고 부릅니다 • 259
여기 새로운 여정을 시작한 교회들이 있습니다 • 260
온라인으로만 모이는 교회: 로그인 처치 • 261
나니아의 옷장, 주님의 숲 교회 • 263
나그네를 환대하는 밥상공동체, 함께심는교회 • 264
NUMBERS, 소울브릿지교회의 캠퍼스사역공동체 • 266
공간이 없는 교회, 라이트하우스 서울숲 • 267
선교지에 세운 카페: PATH 치앙마이 • 269
경계를 허무는 예배자들의 집, M House • 271
5월부터 11월, 팝업 처치가 열리다: 서핑 처치 • 272
This kitchen is Church: 키친 다솜 • 274
함께 사는 집을 짓습니다: 원바디 커뮤니티 • 276
그들을 읽기 위해선 전에 없던 방식이 필요했다: 갓플렉스 • 278
믿지 않았던 청년들이 먼저 찾아오는, 뉴송교회 • 280
나그네와 함께 살게 될 한국: 국제 이주자 포럼 2025 • 282
주님께서 부르고 계십니다 • 284

들어가는 글

라이트하우스 서울숲 성찬식 <인스타그램 @lighthouse.seoulforest>

담임목사 딸이 교회를 안 나오다

한 교회에서 강의를 마친 후였습니다. 온화한 미소를 지닌 여성분이 다가오셔서 큰 은혜를 받았다며 제 연락처를 물으셨습니다. 이런 경우 보통 교회의 방침을 먼저 여쭤보고, 교회를 통해 안내드리는 것이 맞겠다 말씀드렸습니다. 그러자 그분은 빙긋 웃으며, 자신이 바로 이 교회의 담임목사 사모라고 하셨습니다.

담임목사님, 사모님, 장로님들과 차를 한 잔 하게 되었습니다. 당회장실에서 이런저런 이야기를 나누던 중, 사모님께서 갑자기 눈물을 흘리며 이야기를 꺼내셨습니다. 딸이 사춘기가 시작되면서부터 교회에 가지 않겠다고 선언했다는 것입니다. 담임목사의 딸이 교회에 나오지 않는다는 것이 어떤 의미일까요? 다행히 아버지인 목사님은 딸의 의견을 존중해 주셨고, 딸은 인터넷으로 예배를 드린 지 벌써 1년이 넘었다고 합니다.

좋은 교회, 좋은 목사님이라고 생각했습니다. 그러나 이를 바라보는 어머니이자 사모님의 마음은 애가 타고 무너지는 심정이었을 겁니다. 오늘 강의가 그런 사모님께 큰 위로와 은혜가 되었다고 연신 고맙다는 말씀을 전해 주셨습니다.

큰 도시의 원도심에 있는, 50년이 넘은 한 교회에서 강의를 하게 된 적도 있습니다. 오래된 교회 건물을 리노베이션해야 하는데, 교회 내부에서 의견이 엇갈리고 있었습니다. 담임목사님께서는 우리나라의 현실을 가감 없이 이야기해 달라고 부탁하셨습니다. 오후 예배 특강에는 원로장로님, 장로님, 권사님 등 어른들이 많이 참석하셨습니다. 저는 강의 도중 이런 말씀을 드렸습니다.

"우리 교회에는 애들이 올 수 없습니다."

처음 방문한 자리에서의 제 솔직한 선언에 모두가 눈이 휘둥그래지셨습니다. 처음엔 불편한 기색을 보이셨지만, 강의를 통해 우리 사회의 현실을 들으면서 표정들이 복잡하게 변했습니다. 상황을 이해하긴 하셨지만, 우리 교회가 과연 이 문제를 풀어나갈 수 있을지 깊이 고민하시는 모습이었습니다.

지난 10년간 수많은 교회에서 교회 브랜딩에 관한 강의를 했습니다. 코로나19 이후 대부분의 교회 상황은 더욱 어려워졌습니다. 많은 교회가 성도의 수평이동만 반복하고 있었습니다. 일부 중대형 교회들은 오히려 성도가 늘었지만, 대부분의 교회는 정체되거나 감소하는 추세였습니다.

"우리 교회는 인프라가 없습니다."
"헌금이 넉넉하지 않습니다."
"작은 교회라서 매력적인 사역을 할 수 없습니다."

많은 교회에서 이런 눈물어린 하소연을 듣곤 했습니다. 이 책은 그렇게 어려운 가운데서도 열심히 신앙 생활을 하며 교회를 지켜오신 분들께 드리는 작은 실마리입니다. 많은 교회의 브랜드 컨설팅을 진행하면서 **교회 밖의 이야기를 안에 전하는 사람이나 자료가 너무 적다는 것을 알게 되었습니다.** 이 책에는 성경 말씀이 단 1번 나옵니다. 교회의 시각에서 내용을 정리하였습니다만, 교회 밖의 언어로 이야기를 전달하는 것에 신경을 많이 썼습니다.

이 책은 예언서가 아닙니다. 오히려 현재 한국 사회를 움직이고 있는 트렌드를 기독교인의 관점에서 정리한 일종의 '트렌드 관찰서'

라고 생각해 주시면 좋겠습니다.

개척을 준비하고 계신 분들에게 도움이 되었으면 합니다. 지금 하나님께서는 북반구 전역에서 새로운 교회를 세워 가고 계십니다. 그 은혜의 물결이 여러분과 함께하시기를 간절히 기도합니다.

미국과 한국, 복음이 빛을 잃다

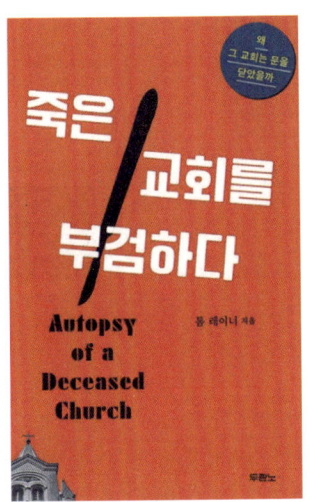

미국 교회의 쇠퇴는 계속되고 있습니다. 급격히 감소한 개신교 인구로 인해 20분마다 하나의 교회가 문을 닫고 있다는 충격적인 보고도 있습니다. 2019년 톰 레이너 목사님은 『죽은 교회를 부검하다』라는 책을 통해 이런 현실을 생생히 드러낸 바 있습니다.

퓨 리서치 센터에서 발표한 최근 자료에 따르면, 자신을 복음주의 교인으로 밝힌 사람들의 비율이 꾸준히 줄어들어, 2018년에는 드디어 종교가 없다고 응답한 사람들의 비율과 역전되었습니다. 복음으로 세워졌다고 자부하는 미국 역사상 최초로 이제는 교회에 나가지 않는 사람들이 더 많아진 것입니다.

한국의 상황도 비슷합니다. 최근의 연구 결과에 따르면 20대의 단 20%만이 종교 생활을 하고 있는데, 이 수치에는 개신교뿐 아니라 불교, 천주교, 심지어 각종 이단까지 모두 포함된 것입니다. 현재 30대인 밀레니얼 세대만 해도 어린 시절 교회에 와본 경험이 있지만, Z세대의 경우 교회 문턱조차 넘어본 적이 없는 사람들이 많습니

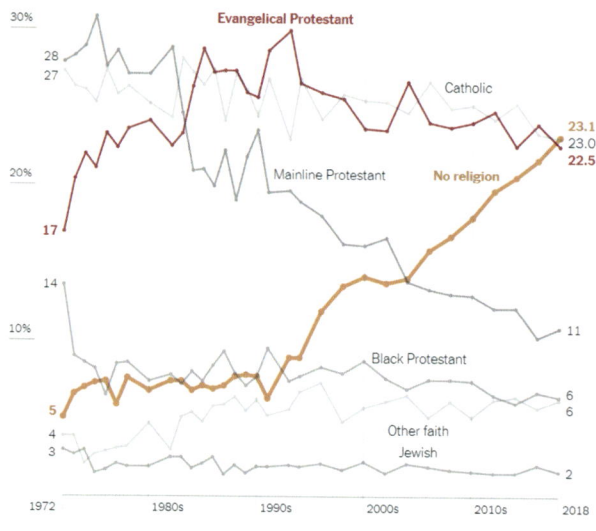

pewresearch.org

다. 심한 경우, 교회와 '신천지' 같은 이단을 제대로 구분하지 못하고, 교회라는 공간 자체를 두려워하기도 합니다. 요즘 교회를 다니는 청년들 사이에서는 직장에서 자신이 신앙생활을 한다고 밝히는 것을 '커밍아웃'이라고 표현할 정도라고 합니다. 원래 성소수자 커뮤니티에서 사용되던 단어가 이제 교회 청년들 사이에서도 사용되는 현실입니다.

과연 한국 교회에 희망이 있을까요? 돌파구는 존재할까요? 아니면 그냥 이대로 포기한 채 낙심하며 살아가야 하는 걸까요? 하나님께서는 과연 한국 교회와 세계 교회를 위한 어떤 계획을 가지고 계신 걸까요?

5무 교회가 왔습니다

이 책의 제목을 '5무 교회가 온다'로 정했지만, 제가 진짜 하고 싶은 말은 이미 '5무 교회'가 우리 곁에 와 있다는 것입니다. 우리나라뿐 아니라 세계적으로 새롭게 부흥하고 있는 많은 교회들이 바로 이 5무 교회에 해당됩니다. 실제로 제가 만난 젊은 목사님들 중 상당수가 자신들의 교회가 바로 '5무 교회'라고 공감해 주셨습니다.

그렇다면 '5무 교회'란 구체적으로 무엇일까요?

1. 로고에 십자가가 없는 교회입니다.
2. 새벽예배가 없는 교회입니다.
3. 성경공부가 없는 교회입니다.
4. 구역이 없는 교회입니다.
5. 장로 직분이 (아직) 없는 교회입니다.

제가 이 주제로 강의했을 때, 장로님들께서 보이셨던 놀라고 당황하신 표정을 지금도 생생히 기억합니다. 그분들은 마치 자기 교회의 모습을 통째로 부정당하는 듯한 기분을 느끼셨던 것 같습니다. 과연 이런 교회가 현실에 존재할 수 있느냐는 의구심이 가득한 표정이셨죠. 하지만 강의를 마치고 나올 때, 예배당 문 앞에서 청년들이 제 손을 꼭 붙잡고 여러 번 감사의 인사를 전했습니다.

"저희가 교회에 너무 하고 싶었던 이야기를 대신해 주셔서 정말 감사합니다."

하나의 교회가 아니라 여러 교회의 청년들에게서 반복적으로 들었던 이야기이기에, 이것은 어쩌면 청년들의 마음을 대신 전하는 메시지라고 봐 주시면 좋겠습니다.

다소 자극적인 제목은 요즘 표현으로 '어그로'라고 생각해 주시면 좋겠습니다. 책에 등장하는 대부분의 내용은 이미 한국 사회의 트렌드로 다양한 서적과 기사에서 충분히 다뤄졌으며, 후반부에 나오는 미국과 세계 교회의 사례 역시 많은 신학자와 목회자들이 검증한 내용들입니다. 이제부터 차근차근 이야기를 풀어 나가 보겠습니다.

목사의 아들로 태어나 신학교를 졸업했습니다

이런 거대한 이야기를 할 자격이 있는 사람인지 궁금해하실 것 같아서, 먼저 저 자신에 대한 소개를 드리는 것이 좋을 것 같습니다. 제 아버지는 침례교회 목사님이십니다. 당연히 어린 시절부터 자연스럽게 교회를 다녔지만, 고등학생 시절에 예수님을 인격적으로 만나게 되었습니다. 그 전까지 성경은 나와는 상관없는 옛날 이야기라고 생각했었는데, 예수님을 만나고 나니 성경의 이야기가 바로 제게 하시는 말씀이라는 사실을 깨달았습니다.

제가 어릴 때는 신앙이 깊다고 여겨지는 표현이 바로 '신학교에 가는 것'이었습니다. 흔히 이를 '서원을 했다'고 표현합니다. 저는 93학번으로 교단 신학교인 한국침례신학대학교 신학과에 입학했고, 즐겁고 은혜롭게 학교생활을 마친 후 졸업했습니다. 졸업 후에는 이동원 목사님께서 설립하신 지구촌교회에서 1년 동안 유아부 전도사로 사역했습니다.

그러나 사역을 하다 보니, 제가 진정으로 하고 싶었던 일은 어린 시절부터의 꿈이었던 '디자이너'라는 것을 깨닫게 되었습니다. 이후 저는 홍익대학교 산하의 디자인 대학원이 된 'IDAS(International

Design School for Advanced Studies)'에서 디지털 미디어 디자인(Digital Media Design)으로 석사 과정을 마쳤고, 현재는 브랜딩 및 디자인 전문 스튜디오를 운영하고 있습니다.

필그림하우스에 가보신 적이 있나요?

가평에 있는 필그림하우스와 필그림 천로역정에 가보신 적이 있나요? 지구촌교회와 이동원 목사님께서 설립하신 필그림하우스는 바쁜 일상을 벗어나 조용히 영성 수련을 할 수 있는, 한국 교회에 꼭 필요한 소중한 공간입니다.

저는 지구촌교회의 홍보기획실을 처음 만들고 실장으로 2년 동안 근무하면서 필그림하우스의 전체적인 브랜딩을 총괄했습니다. 공간 곳곳의 사이니지와 안내 브로셔 등 모든 디자인이 저의 손을 거쳤다고 보시면 됩니다. 최근에는 필그림하우스 옆에 '천로역정'이라는 순례길이 새롭게 만들어졌습니다. 마찬가지로 필그림 천로역정의 로고와 브로셔, 교재, 사이니지 등의 디자인도 모두 제가 직접 진행했습니다.

이와 같이 한 브랜드의 시각적 요소를 총괄하여 디자인하는 것을 '전략 브랜딩'이라고 합니다. 단순히 보기 좋은 로고를 만드는 것에 그치는 것이 아니라, 해당 브랜드의 이야기(스토리텔링)를 더 풍성하게 만들고 시각적 요소와 메시지의 톤을 완벽하게 일치시키는 작업입니다.

신촌 세브란스 병원에 가시면 '세브란스 어린이 병원'을 보실 수 있습니다. 그곳의 조약돌 모양의 예쁜 로고를 기억하실지 모르겠습니다. 연세대학교와 세브란스 병원은 '연세'의 모음인 이응(ㅇ), 시옷

필그림하우스와 천로역정 브랜딩 <인권앤파트너스 작업>

(ㅅ)을 심볼로 사용하는데, 세브란스 어린이 병원의 로고는 이 두 모음을 사용하여 두 개의 조약돌로 어린아이의 형상을 표현했습니다. 머리 부분에 있는 조약돌이 살짝 하늘을 바라보고 있어, 희망을 상징하는 디자인입니다.

이처럼 시각적인 브랜딩 프로젝트를 수행하다 보면 국내외, 특히 해외의 많은 자료들을 접하게 됩니다. 큰 프로젝트의 경우, 내부적으로 만드는 PPT 슬라이드만 1,000~2,000장을 넘기기도 하고, 관련 해외 단체 50개 이상을 심도 있게 분석하는 경우도 흔합니다. 이 많은 자료를 오랜 기간 동안 깊이 연구하다 보면, 어느 순간 머릿속에서 여러 개의 점들이 연결되어 하나의 선으로 보이는 경험을 하게 됩니다. 우리는 그것을 흔히 '인사이트(Insight)'라고 부릅니다.

세브란스 어린이병원 브랜딩 <인권앤파트너스 작업>

트렌드 사파리를 갑니다: 밖에서 보다

저처럼 신학을 전공한 디자이너는 흔치 않습니다. 독특한 이력 덕분에 자연스럽게 여러 교회, NGO, 대학병원, 당뇨병학회 등과 관련된 후원 및 브랜딩 작업을 많이 하게 되었습니다.

앤트러사이트 합정 <출처: 웹사이트>

특히 많은 교회의 목사님과 장로님들, 선교단체의 리더십과 함께 오랫동안 '트렌드 사파리'를 진행해왔습니다. 조금 생소한 표현일 수 있지만, 교회에서는 쉽게 '미션 트립'으로 생각하셔도 좋을 것 같습니다.

홍대, 가로수길, 성수동, 용리단길과 같은 주요 장소를 함께 방문하며, 사람들이 왜 그곳에 모이는지를 직접 보고 살펴봅니다. 약 6년 전쯤, 한 교단의 총회장 목사님과 리더십을 모시고 합정역 근처의 '앤트러사이트' 카페에 간 적이 있습니다. 지하철역에서 꽤 멀리 떨어진 오래된 공장 건물로 만든 카페였는데, 아파트 단지 사이에 숨겨져 있어 변변한 간판 하나 없이 허름한 모습이었습니다.

그런데 문을 열고 들어가자 완전히 다른 세상이 펼쳐졌습니다. 진한 커피 향과 감각적인 음악이 흐르는 가운데 젊은이들이 가득했습니다. 낡고 부서진 내부를 그대로 살린 듯한 인테리어였지만, 오히려 젊은이들에게는 그것이 매력적인 공간이었습니다. 총회장님께서는 "도대체 왜 이런 곳에 젊은 사람들이 이렇게 많이 몰리는지 모르겠다"며 연신 고개를 저으셨습니다.

또 하나의 예는 현대카드가 서울에 여러 개의 특별한 도서관을 무료로 만들어 운영하고 있다는 사실입니다. 다만 현대카드가 있어야만 입장할 수 있는데, 입구에서 카드 키 대신 현대카드를 긁으면 전 세계에서 엄선한 최고 수준의 도서들을 마음껏 읽을 수 있습니다. 무엇보다 각 도서관의 컨셉과 인테리어에 각별한 공을 들였기 때문에, 무료 입장임에도 공간에서 경험하는 감각과 서적의 수준은 세계적입니다.

교회 재건축과 리브랜딩 관련 프로젝트로 트렌드 사파리를 진행할 때, 꼭 방문하는 장소 중 하나가 한남동의 '현대카드 아트 라이브러

현대카드 아트 라이브러리, 이태원 <출처: 웹사이트>

리'와 안국동의 '현대카드 디자인 라이브러리'입니다. 현대인들이 매력을 느끼는 공간 구성과 최고 수준의 컨텐츠를 밀도 있게 제공하고 있으며, 물건을 판매하는 상업 공간이 아니기 때문에, 교회에서 로비 등을 꾸밀 때 꼭 참고하시면 좋은 공간입니다.

다음 세대는 과연 어떤 공간을 찾고 있을까요? 만약 우리 교회를 바꾸고 싶다면, 얼마나 많이 바꾸어야 할까요? 어떻게 해야 젊은 세대가 다시 우리 교회를 찾을 수 있을까요?

그렇다면 우리는 무엇을 보아야 하는가?

수십 권의 트렌드 관련 서적과 수백 개의 라이프스타일 사이트, 그리고 수천 페이지에 달하는 다양한 자료들에서 우리 교회와 지역에 직접적으로 영향을 미칠 내용을 신중하게 골라냈습니다. 그렇다면 앞으로 우리는 어떻게 살아야 할까요? 이런저런 세미나를 다녀보고, 교단의 정보나 기독교 신문을 봐도 앞길이 선명하지 않다면, 말씀과 기도 외에 우리가 무엇을 더 살펴봐야 할까요?

세상은 이미 많이 변했습니다. 교회도 세상의 흐름에 발맞춰 함께 나아갔으면 좋았겠지만, 여러 가지 이유로 우리는 멈추는 길을 택했습니다. 어쩌면 80년대의 큰 부흥 경험에 너무 마음이 빼앗긴 것인지도 모르겠습니다. 물론 진리를 지키는 것은 매우 소중한 일입니다. 하지만 우리가 무엇인가를 지키기 위해 멈추어 섰을 때, 그 대신 놓치고 있는 것이 무엇인지 돌아보는 일도 필요합니다.

4개의 구성, 10개의 키워드, 하나의 결론

이 책은 크게 네 개의 장으로 구성되어 있습니다.

첫 번째 장에서는 한국 교회에서 왜 다음 세대가 사라졌는지 그 배경을 다룹니다. 청년들은 왜 교회를 떠나는 걸까요? 아주 복합적인 이유들이 있겠지만, 저는 그중에서도 본질적인 원리를 이야기하고자 합니다. 어떤 변화가 청년들의 삶을 완전히 뒤바꿔 놓았습니다. 새로운 문이 열렸고, 이제는 예전의 삶으로 돌아갈 수 없게 되었습니다. 이것은 옳고 그름의 문제가 아니라, 이미 변화한 삶의 방식을 이해해야 하는 문제입니다. 여기에서는 'Mobile', 'Me Generation', 'K-'라는 3가지 키워드로 이야기해 보려고 합니다.

두 번째 장은 그러한 배경 속에서 일어난 '현상'에 대해 이야기합니다. 그렇다면 거대한 변화의 원리들이 구체적으로 우리와 젊은 세대의 삶을 어떻게 바꿔 놓았을까요? MZ세대는 무엇에 시간을 쓰고, 어떤 커뮤니티에 속하며, 어떤 삶을 꿈꾸고 있을까요? 이 장에서는 다음 세대가 만들어 가고 중요하게 생각하는 키워드인 'Lifestyle', 'Ritual', 'Local'이라는 세 가지 주제를 다룹니다.

세 번째 장은 변화에 대한 '적응'을 다룹니다. 우리보다 앞서 변화를 경험한 미국 교회들은 조금 일찍 이 흐름을 이해했고, 코로나19 이전부터 젊은 세대의 마음을 얻어 부흥을 경험했습니다. 이 장에서는 미국, 영국, 한국에서 새롭게 부흥하고 있는 젊은 교회들을 살펴보고, 그들이 어떻게 MZ세대를 사로잡았는지를 'No Cross', 'Team', 'Popup' 세 가지 키워드로 정리합니다.

마지막 네 번째 장은 '여정(Journey)'입니다. 이 단어가 다소 낯설게 느껴질 수 있지만, 비즈니스 분야에서는 모바일 혁명이 일어난 이후 가장 중요한 단어로 자리 잡았습니다. 'Journey'는 온라인과 오프라인의 경계를 넘나드는 현대인의 일상에서 세일즈 기획과 전략의 핵심이 되는 개념입니다.

앞서 다룬 열 가지 키워드가 한국 교회에 던지는 질문이라면, 마지막의 '여정'이라는 키워드는 제가 생각하는 해답을 위한 작은 마중물입니다.

성경 속의 중요한 이야기들은 늘 '떠남'에서 시작됩니다. 하나님은 아브라함에게 고향을 떠나라고 하셨고, 모세와 요셉도 오랜 세월 떠돌이의 삶을 살았습니다. 이스라엘 백성도 광야를 떠돌았습니다. 예수님은 제자들을 부르실 때 떠남을 말씀하셨습니다. 떠난다는 것이 반드시 먼 곳으로 이리저리 돌아다니라는 말은 아닙니다. 오히려 기술의 발전으로 우리의 삶이 성경 시대와 더 가까워졌음을 이해해야 합니다.

이 책을 읽으시는 여러분에게 하나님께서는 자리에서 일어나 새로운 여정을 시작하라고 권하고 계십니다. 주님은 "내가 영원토록 너와 함께하겠다"고 약속하십니다. 이제 저와 함께 그 새로운 여행을 떠나 보시겠습니까?

5무 교회가 온다

배경

Mobile

Me Generation

K

모바일

엠 하우스 워십 <인스타그램 @wearemhouse>

01
Mobile

누구나 지금은 한 나라의 왕처럼 살고 있어요

500년 전으로 잠시 거슬러 올라가 볼까요? 오늘날 한국에서 평범한 사람들이 누리는 생활은, 어쩌면 중세 시대 왕이나 귀족들이 누렸던 삶의 질과 비슷할지도 모릅니다. 사실 우리 모두에게는 이미 최소 10명 이상의 개인 비서가 준비되어 있습니다. 물론 저에게도 말이지요.

지난달, 급하게 중국 상하이로 출장을 가게 되었습니다. 저는 스마트폰을 열고 '아시아나' 앱 비서에게 마일리지로 인천과 푸동 공항을 오가는 왕복 비행기 표를 준비하라고 명령했습니다. 클릭 몇 번으로 4일간 중국을 오가는 일정이 간단하게 잡혔습니다. 카톡으로 받은 QR코드 하나면 인천공항 검색대부터 비행기 탑승까지, 종이 서류 없이 간편하게 이용할 수 있었습니다.

출발 당일 아침, 집 앞까지 와줄 '카카오T' 택시 비서를 예약했습니다. 원하는 시간에 맞춰 내려가니 택시가 기다리고 있었고, 바로 인천공항으로 향할 수 있었습니다. 만약 제가 지방에 살았다면, 'KTX' 앱 비서를 통해 서울로 오는 교통편을 준비시켰을 것입니다.

이른 아침이라 커피와 샌드위치를 먹고 싶어졌습니다. '쿠팡' 앱 비서에게 몇 번 클릭으로 주문하자, 다음 날 새벽배송으로 문 앞에 음식이 차려져 있었습니다.

중국에서는 '위챗'을 통해 현지 미팅을 미리 준비해둔 덕분에, 공항에 도착하자마자 중국 지인이 직접 마중 나와 시내로 이동할 수 있었습니다. 중국어가 서툰 저를 위해 '챗GPT'라는 뛰어난 통역 비서가 실시간으로 도움을 줘서, 소통에 아무런 어려움이 없었습니다.

5무 교회가 온다

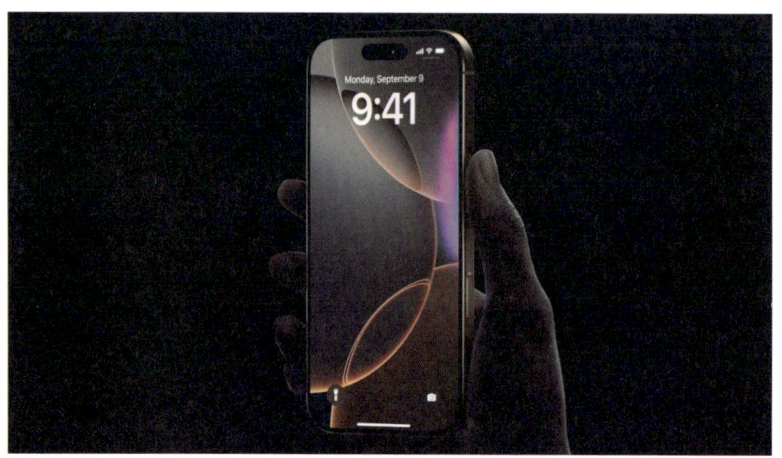

애플 아이폰 <출처: 웹사이트>

어떤가요? 너무 익숙한 일상이지만, 레스토랑, 병원, 영화관, 호텔, 쇼핑, 택시, 번역까지 모든 것이 온라인 플랫폼 위에 올라가 있고, 손안의 스마트폰에서 클릭 몇 번이면 모든 것을 누릴 수 있습니다. 우리는 정말로 한 나라의 왕이나 귀족이 누렸던 편리함을 모두 경험하고 있습니다. 우리는 이 현상을 '모바일 혁명'이라고 부릅니다.

모바일 혁명이 일상을 바꿨습니다

2007년 아이폰의 등장은 단순한 전자기기의 출시가 아니라 전 세계 기술·산업·문화의 판도를 바꾼 역사적인 사건이었습니다. 아이폰은 기술적 혁신을 넘어 사람들의 일상과 인식을 근본적으로 바꾸어 놓았습니다. 시간과 공간, 관계와 정보 접근 등 모든 것이 모바일 중심으로 돌아가는, 말 그대로 '모바일 퍼스트(Mobile First)' 시대가 열린 것입니다.

우리는 더 이상 뉴스를 책상 앞의 컴퓨터로 보지 않고 손 안의 작은 화면에서 소비하게 되었습니다. 사람들과의 관계 역시 전화가 아닌 메신저와 SNS로 이루어집니다. 일과 놀이, 커뮤니케이션과 소비의 경계가 흐려진 연결된 일상이 시작된 것입니다. 아이폰은 단순히 '디지털 기술을 확장한 도구'가 아니라, 인간의 '삶의 방식'을 새롭게 디자인한 혁신적인 기기였습니다.

스마트폰이 가져온 모바일 기술 혁명은 단지 새로운 기술의 등장이 아니라, 인간의 삶과 사회 구조, 사고방식을 근본적으로 바꾸는 거대한 전환입니다. 농업 혁명, 산업 혁명, 인쇄 혁명, 전기 혁명, 디지털 혁명에 이은 인류 역사상 여섯 번째 혁명으로, 문명의 흐름을 새롭게 쓰고 다음 시대의 문을 여는 원동력이 되었습니다.

모바일 혁명 이전의 혁명들이 주로 물질, 에너지, 정보의 생산과 전달 방식을 변화시켰다면, **모바일 혁명은 인간의 '일상과 관계'를 실시간으로 재구성한 최초의 혁명이라 할 수 있습니다.** 이는 마치 구텐베르크 성경이 가져온 인쇄 혁명이 지식을 다루는 방식을 근본적으로 변화시켰던 것처럼, 모바일은 정보뿐 아니라 경험과 관계 자체를 민주화했습니다.

인쇄 혁명은 지식 전달의 방식에 변화를 가져왔습니다. 그 이전까지 책은 손으로 일일이 베껴야 했지만, 인쇄 기술로 인해 누구나 똑같은 정보를 활자 형태로 접할 수 있게 되었습니다. 이로써 지식의 권력은 교회나 귀족, 학자들에게서 벗어나 평범한 시민들에게도 공유될 수 있었습니다. 인쇄 혁명은 말 그대로 '읽고 배우고 생각하는 능력'을 일반 사람들에게까지 확장시켰습니다.

하지만 모바일 혁명은 여기에 그치지 않고, 정보 자체를 넘어 인간의 감정, 순간, 관계, 취향, 행동까지 매개합니다. 스마트폰을 통해 사람들은 타인의 일상을 실시간으로 경험하고, 자신만의 콘텐츠를 만들고, 전 세계 사람들과 즉각적으로 소통할 수 있게 되었습니다. 이제는 정보를 단순히 받아들이는 것이 아니라, 직접 경험하고 반응하며 참여하는 방식으로 바뀌었습니다.

인쇄가 '지식의 민주화'를 이끌었다면, 모바일 혁명은 '관계와 감각의 민주화'를 이루었습니다. 즉, 모두가 서로의 경험을 공유하고 사회적 존재로 연결되는 새로운 시대를 만든 것입니다.

물건을 다운로드하는 사람들

스마트폰과 함께 성장한 전 세계의 MZ세대는 더 이상 온라인과 오프라인을 구분하지 않는다고 합니다. 거의 모든 국민이 사용하는 '쿠팡' 앱을 떠올려 볼까요? 버튼 하나만 클릭하면 다음 날 아침 문 앞에 주문한 물건이 놓여 있습니다. 우리는 온라인이라는 보이지 않는 공간에서 수십만 개의 상품을 마치 다운로드하듯 받고 있는 것입니다. 심지어 중국과 유럽, 미국의 상품도 클릭 몇 번과 일주일 정도의 기다림이면 쉽게 '다운로드'할 수 있습니다.

물류센터가 어디에 있는지, 얼마나 많은 사람들이 분류하고 배송하기 위해 노력하는지는 우리의 관심사가 아닙니다. 심지어 처음에는

동네에서 쿠팡 배송 알바를 하면서 용돈을 벌 수 있다는 사실도 몰랐습니다.

대부분의 상품을 온라인에서 주문하게 되면, 오프라인 매장은 점차 필요성이 줄어듭니다. 지금 당장 써야 할 물건 정도만 근처에서 구매하고, 매일 사용하는 생필품은 거의 온라인에서 해결합니다. 심지어 생수인 '삼다수'는 정기배송으로 떨어질 때쯤 알아서 문 앞으로 찾아옵니다.

이제 굳이 오프라인에서 물건을 사러 갈 필요가 있을까요? 동네의 작은 매장들이 점점 손님이 줄어들고 문을 닫는 이유입니다. 백화점과 쇼핑몰들이 어려워지고 있는 이유이기도 합니다. 찬양과 예배 역시 마찬가지입니다. 유튜브에는 이미 훌륭한 찬양 워십팀이 넘쳐납니다. 집에 있는 큰 TV 화면만으로도 얼마든지 고화질의 예배 영상을 볼 수 있습니다. 몇 명 모이지 않는 우리 교회의 수요 예배보다, 유명 교회의 영상 예배가 훨씬 더 은혜롭게 느껴질 때도 많습니다. 강력한 사운드, 은혜로운 찬양 인도, 그리고 유명 목사님들의 풍성하고 다양한 설교까지 손쉽게 접할 수 있는 시대입니다.

명품 브랜드의 심볼이 멋이 없어지는 이유

최근 몇 년 사이 발렌시아가, 버버리, 입생로랑, 벨루티, 리모와, 발망, 페라가모와 같은 수많은 명품 브랜드들이 로고를 고딕(산세리프) 계열의 단순하고 굵으며 현대적인 서체로 바꾸고 있습니다. 전문가들은 이 현상을 흔히 '블랜디피케이션(Blending + Simplification)' 또는 '산세리피케이션(Sans Serification)'이라고 부릅니다. 백화점 플래그십 스토어의 외부 파사드에 화려하게 걸려 있던 로고들이 왜 이렇게 단조롭고 밋밋해진 걸까요?

businessoffashion.com

바로 브랜드 간 경쟁의 중심이 오프라인 매장에서 인스타그램으로 옮겨졌기 때문입니다. 그렇습니다. 싸움터가 인스타그램으로 변했습니다. 한 뼘도 안 되는 작은 스마트폰 화면에서는 과거의 복잡하고 섬세한 로고가 잘 보이지 않거나 뭉개져 보이게 됩니다. 작은 화면에서도 또렷하고 강렬하게 보이려면 인쇄 중심의 로고 디자인에서 디지털 환경에 맞는 로고로 변화해야만 합니다.

"작은 인스타그램 화면에서 로고가 잘 보여야 합니다."

이러한 고딕체로의 로고 교체는 브랜드가 고객에게 보내는 메시지이기도 합니다. "우리는 오랜 역사를 가진 전통적 브랜드지만, 동시에 지금 이 시대와도 연결되어 있습니다." 즉, Z세대와 밀레니얼 세대와 소통하며 새로운 고객층을 확보하기 위한 전략인 것입니다. "우리는 클래식하지만, 결코 구식은 아닙니다"라는 세련된 메시지를 담고 있습니다.

쇼츠와 릴스를 보는데 점점 더 많은 시간을 쓰고 있습니다

스마트폰, 유튜브, 인스타그램의 등장으로 우리의 일상은 완전히 바뀌었습니다. 특히 '유튜브 쇼츠'와 '인스타그램 릴스'는 우리가 하루를 보내는 방식을 송두리째 바꾸어 놓았습니다.

사람들이 쇼츠와 릴스에 깊이 빠져드는 가장 큰 이유는 즉각적인 자극과 빠른 보상이 반복되기 때문입니다. 짧은 시간 내에 강렬한 재미, 감정, 정보를 전달받으면서 '다음 영상은 더 재미있을지도 모른다'는 기대감으로 인해 무한히 스크롤하게 됩니다. 이는 우리 뇌의 도파민 분비를 자극하여 중독적인 몰입 상태를 만들어 냅니다.

이 콘텐츠들은 주로 자막과 음악, 효과음이 빠르게 구성되어 있어서 집중하지 않아도 쉽게 이해할 수 있습니다. 피로도는 낮추고 만족도는 높이는 방식으로 설계된 것이죠. 덕분에 이동 중이나 대기 시간, 잠들기 직전 짧은 틈새 시간에도 부담 없이 쉽게 소비됩니다.

사용자의 관심사에 맞게 추천해주는 알고리즘 덕분에, 원하지 않아도 마치 '나를 잘 아는 친구처럼' 콘텐츠를 연이어 보여줍니다. 내가 좋아할 만한 영상들만 끊임없이 추천되기 때문에 사용자들은 플랫폼에서 벗어나기 어렵습니다.

사회적 요인도 쇼츠와 릴스의 확산에 큰 몫을 합니다. 밈(meme) 문화나 트렌드 챌린지가 유행하면서, 이 숏폼 영상들은 단순히 소비하는 콘텐츠를 넘어 참여하고 표현하는 공간이 되었습니다. 사용자는 시청자인 동시에 콘텐츠 제작자가 되어 나만의 개성이나 감성, 유머를 짧은 영상 안에 담아 다른 이들과 즉각적으로 소통하고 반응하는 것을 즐기게 되었습니다.

한국인, 숏폼 월평균 52시간 시청…OTT 7배

2024년 한국인의 유튜브 쇼츠 시청 시간은 하루 평균 44분으로 집계되었습니다. 특히 10대들은 하루 평균 동영상 시청 시간(2시간 4분)의 절반이 넘는 1시간 4분을 숏폼 영상 시청에 사용하고 있습니다. **대한민국은 미국보다 월평균 두 배 이상을 유튜브 콘텐츠 시청에 사용하고 있습니다.**

우리 교회 인스타그램 계정 있나요?

여기서 한 가지 질문을 드리고 싶습니다. 우리 교회는 인스타그램 계정을 운영하고 있나요? 만약 아직도 인스타그램 계정이 없다면, MZ세대를 우리 교회로 초대하는 것에 그다지 큰 관심이 없다고 봐도 무방할 것입니다. 많은 교회들이 유튜브 채널 개설을 놓고 고민하는 것으로 알고 있습니다. 하지만 대형 교회나 유명 워십팀 수준의 유튜브 채널을 운영하려면, 생각보다 상당한 인력과 에너지가 필요합니다. 전문가 수준의 팀이 구성되어야 하기에 교회들에게는 큰 부담이 되곤 합니다.

반면 인스타그램은 전문성보다 컨셉과 지속적인 소통이 중요한 채널입니다. 작은 음식점이나 카페들도 인스타그램 DM으로 손님들과 소통합니다. 이제는 전화보다 DM이 더 익숙한 세대가 등장했기 때문입니다. 요즘 맛집들은 길거리에서 전단지를 돌리지 않습니다. 위치가 다소 외진 뒷골목이라도, 사람들은 인스타그램을 통해 사진을 보고, DM을 보내 예약을 한 뒤 알아서 찾아옵니다.

세로 포맷의 유튜브 쇼츠나 인스타그램 릴스는 화면 크기의 제약상 한 번에 많은 정보를 담지 못합니다. 그래서 대부분의 경우 주인공을 '익스트림 클로즈업'으로 화면 중앙에 크게 배치합니다. 넷플릭스의 광고 이미지를 한번 보세요. 넷플릭스 역시 주인공의 얼굴에 집중해 화면을 디자인하곤 합니다. 매일 접하는 미디어 콘텐츠들이 주인공을 크게 집중해서 보여주고 있다면, 사람들은 그것을 자연스럽게 멋지다고 여기게 됩니다.

제가 교회 브랜딩 프로젝트를 하면서 간혹 어려움을 겪는 것 중 하나가 바로 사진 사용입니다. 이미 세상에서는 개인을 집중적으로 부각하는 디자인이 일상이 되었는데, 교회에 그런 디자인을 제안하면 난감해하는 분들이 많습니다.

"한 사람에게 집중하는 디자인은 우리 교회와 맞지 않습니다."
"사람보다는 교회 건물이 나오는 게 좋겠습니다."

이제는 그런 방식으로는 안 됩니다. MZ세대는 자신에게 온전히 집

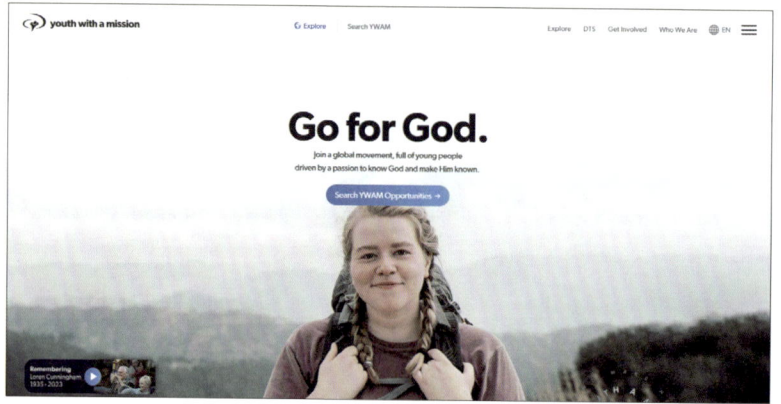

국제 예수전도단 웹사이트 첫 화면: 개인에게 온전히 집중하는 디자인

중해 주기를 원하는 세대입니다. 교회마다 청년들이 떠나는 현실에 대해 고민합니다. 대학생 선교단체들 역시 어려움을 겪고 있습니다. 과연 우리는 개인에게 온전히 집중하고 있나요?

팬데믹이 시간을 10년 앞당겼습니다

『거대한 가속』이라는 책이 있습니다. 이 책의 핵심 메시지 중 하나는, 코로나19 팬데믹이 새로운 변화를 만들어낸 것이 아니라 이미 진행 중이던 변화들을 더욱 급격히 앞당겼다는 것입니다. 전자상거래, 원격근무, 온라인 교육, 디지털 헬스케어와 같은 기술과 생활방식은 팬데믹 이전에도 점차 확산 중이었지만, 당시에는 "조만간 대세가 될 것" 정도로만 여겨졌습니다. 그런데 팬데믹이라는 전 세계적 위기를 계기로 이러한 변화가 수년, 심지어 수십 년 앞당겨져 현실이 되었습니다.

팬데믹으로 사람들의 생활 습관은 비대면 중심으로 완전히 재편되었습니다. 우리는 이제 무엇을 사고, 어떻게 일하고 배우는지, 그리고 시장의 주도권을 누가 쥐고 있는지에 대한 근본적인 질서가 달라진 시대를 살고 있습니다.

따라서 팬데믹은 단순히 '잠시 멈춘 시간'이 아니라, 변화의 속도를 급격히 끌어올린 '전환점'이며, 우리가 향하던 미래를 강제적으로 당겨온 '역사적 사건'이라고 보는 것이 이 책의 핵심 논지입니다. 무엇이 바뀌었는지 잠깐 살펴볼까요?

소비와 구매의 변화 – 팬데믹 이후 소비자들은 오프라인 매장 대신 온라인 쇼핑과 배달 서비스를 더욱 적극적으로 활용하게 되었습니다. 식료품과 의약품, 생필품은 물론 패션, 전자제품, 가전까지 거의 모든 상품군에서 전자상거래가 일상이 되었습니다. 특히 '비대면 배송', '새벽배송', '로봇 배송' 등은 위생과 편의성을 모두 만족시키면서 새로운 소비 습관으로 자리 잡았습니다.

일과 근무 방식의 변화 – 출근 중심이던 직장 문화는 팬데믹을 계기로 재택근무, 원격 협업, 하이브리드 근무 방식으로 급격히 변화했습니다. 고정된 사무실과 근무시간은 점점 유연해졌고, 사람들은 집에서 업무를 처리하고, 온라인으로 회의하며, 다양한 디지털 도구를 활용한 협업에 익숙해졌습니다. 이런 근무 방식의 변화는 전 세계 도시의 상업용 부동산 흐름까지도 완전히 바꾸어 놓았습니다.

학습과 교육 방식의 변화 – 학생들은 교실이 아닌 화면으로 수업을 듣고, 시험을 치르고, 과제를 제출하게 되었습니다. 이전까지 보조 수단 정도로 인식되었던 온라인 교육 플랫폼이 이제는 정규 교육의 중심으로 떠올랐습니다. 디지털 학습 콘텐츠와 자기주도 학습 역시 일반화되었습니다.

여가와 인간관계의 변화 – 카페나 극장 방문, 여행 대신 사람들은 넷플릭스, 유튜브, 게임, SNS, 줌(Zoom) 파티 등을 통해 여가를 즐기고 사회적 관계를 유지했습니다. '모이지 않아도 연결될 수 있다'는 새로움이 더 깊숙한 디지털 생활 방식으로 이끌었습니다.

결국 팬데믹은 우리의 일상과 감각을 '비대면적이고 디지털적인 방식'으로 강제적으로 재구성하도록 만들었으며, 그렇게 형성된 습관들은 단기적인 적응을 넘어 '새로운 기본값'으로 자리 잡아 지금도 우리의 생활 전반에 깊숙이 뿌리를 내리고 있습니다.

인스타그램으로 교회를 개척해요: 페이지 처치

2019년 여름, 인스타그램 계정으로 처음 시작된 '페이지 처치'는 처음부터 거창한 건물이나 공간이 아니라, 웹페이지라는 작은 공간에서 하나님 나라의 이야기를 전하며 시작되었습니다. 하루에 하나씩 묵상의 글을 올려서, 각자의 자리에서도 얼마든지 예배를 드릴 수 있다는 생각에서 출발했지요. 그래서 '페이지 처치'라는 이름에는 두 가지 의미가 담겨 있습니다. 하나는 웹페이지 위에 세워진 교회라는 뜻이고, 다른 하나는 하나님께서 직접 쓰시는 우리 삶의 이야기라는 뜻입니다.

페이지 처치를 시작한 신재웅 목사님은 오랫동안 자신이 '구겨진 삶'을 살아왔다고 고백합니다. 현실의 어려움과 여전히 내면에서 반복되는 방황, 끝나지 않는 사춘기 같은 시간을 보내며 힘겨운 20대와 30대를 지냈습니다. 하지만 하나님은 그 구겨진 종이 같은 인

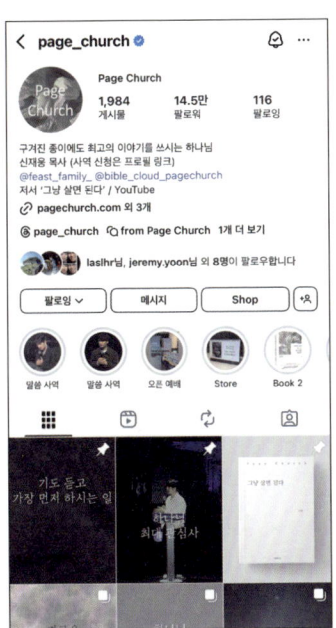

페이지처치 인스타그램
구독자 14.5만명

생 위에 늘 최고의 이야기를 써오셨습니다. 신 목사님이 하나님 앞에 엎드려 모든 것을 맡길 때마다, 하나님께서는 한없는 사랑으로 함께하시고 가장 선한 길로 인도하셨습니다.

신재웅 목사님은 이렇게 진솔한 고백들을 인스타그램에 하나씩 올리며 팔로워들과 꾸준히 소통했고, 지금은 팔로워가 무려 14만 5천 명에 이르는 온라인 교회이자 커뮤니티로 성장했습니다. 그동안 많은 목사님들과 장로님들께서 개척은 반드시 '건물'이나 '공간'으로 시작해야 한다고 생각해 오셨지만, 이제는 그렇지 않습니다. 진정한 개척은 '커뮤니티'부터 시작해야 합니다.

Q1 우리 교회 인스타그램이있나요?
아직 없다면 어떻게 만들고 운영할 수 있을까요?

5무 교회가 온다

미 제너레이션

서핑 처치 <인스타그램 @jeremy.yoon>

02

Me Gene-
ration

MZ세대가 기성세대가 되다

한동안 교회에서는 '다음 세대'라는 말이 정말 중요한 키워드였습니다. '다음 세대'를 위한 수많은 세미나가 열렸고, 어떻게 하면 교회에 청년들이 다시 모일 수 있을지 연구와 컨퍼런스가 계속되었습니다. 저 역시 브랜딩 관련 업무를 하다 보니 이런 '다음 세대' 컨퍼런스에 강사로 초청받기도 했습니다.

그런데 2022년쯤부터 저는 더 이상 '다음 세대'라는 주제로 열린 세미나에는 가지 않기로 마음먹었습니다. 그 이유는 2021년이 한국에서 MZ세대가 전체 인구의 35%를 넘어선 첫 번째 해였기 때문입니다. 특히 경제 활동을 하는 노동 인구 중 50% 이상이 MZ세대가 되었습니다. 이제 MZ세대는 더 이상 '다음 세대'가 아니라, 현재 사회를 주도하는 '기성세대'가 된 것이죠.

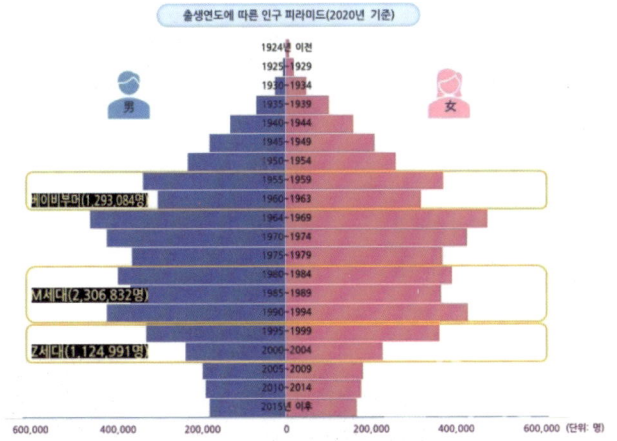

출생연도에 따른 인구 피라미드(2020년 기준). [표=서울시]

그렇다면 기업들이 이렇게 MZ세대의 마음을 얻기 위해 노력하며, 'MZ'라는 말을 입에 달고 사는 이유는 무엇일까요? 신한카드 데이터센터에서 발간한 『FANCY』라는 책에 그 이유가 잘 정리되어 있습니다.

MZ세대는 단순히 저렴한 상품이 아니라 품질과 자신의 취향에 가장 잘 맞는 상품을 신중하게 고르는 세대입니다. 뿐만 아니라 가정에서 어떤 제품이나 서비스를 선택할 때 실제 결정권을 MZ세대가 가지고 있는 경우가 많다고 합니다. 예를 들어, 해외여행을 갈 때 부모님은 자녀에게 카드를 주면서 여행 계획을 맡기곤 합니다. TV나 가전제품을 바꿀 때, 외식을 위한 레스토랑을 고를 때도 마찬가지입니다. 자녀들이 선택하고 부모님이 결제하는 형태가 이미 익숙한 구조입니다.

국민의힘은 당대표로 MZ세대를 선정 <출처: 웹사이트>

2021년에는 우리나라의 거대 야당이 공식적으로 당의 대표가 30대라고 선언하기도 했습니다. 당시 국민의힘은 39살의 이준석 대표를 공식 당 대표로 발표하며, 대통령 선거의 캐스팅 보트 역할을 할 MZ세대를 적극 공략했습니다.

Generation Me

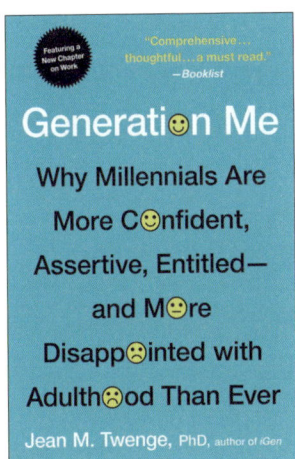

『Generation Me』는 심리학자 진 M. 트웽이 쓴 책으로, 1970년대 이후 태어난 세대를 'Generation Me(나 세대)'로 명명하며 이들의 특징과 사회적 영향을 깊이 있게 분석합니다.

저자인 진 트웽은 'Generation Me'를 역사상 가장 개인주의적인 세대라고 표현합니다. 이들은 어려서부터 "너 자신을 사랑해라", "너는 특별하다"는 메시지를 지속적으로 들으며 성장했고, 개인의 감정과 의견, 선택을 무엇보다 중요하게 여기는 가치관을 자연스럽게 내면화했습니다.

이런 사고방식은 개인의 자율성과 자기표현에 긍정적인 영향을 주지만, 반면에 전통적인 사회 규범이나 권위에 대한 존중은 점차 약화시켰습니다. 학교, 가정, 직장의 위계질서나 규범적 역할들이 의미 있는 전통이라기보다 불필요한 제약으로 여겨지기 시작한 것입니다. 이로 인해 공동체보다는 '나에게 어떤 의미가 있는가'를 먼저 생각하고, 사회적 책임보다는 개인의 만족과 권리를 우선시하는 문화가 형성되었습니다.

이런 개인주의적 성향은 성적 가치관과 종교적 신념에서도 뚜렷하게 나타납니다. 과거에 비해 성에 대한 개방성은 매우 높아졌으며, 동거나 혼전 성관계, 성적 다양성에 대해서도 매우 관용적입니다. 이것은 **도덕 규범이 약화되었다기보다, 개인의 선택과 자유가 존중받아야 한다는 가치가 더 우선시되기** 때문입니다. 종교에 대한 태도 역시 큰 변화를 겪었습니다.

이전 세대에 비해 정기적으로 예배에 참석하거나 특정 종교에 헌신하는 사람들은 현저히 줄었습니다. 대신, **'나는 영적인 사람이긴 하지만 특정 종교에 소속될 필요는 없다'**는 사람들이 크게 늘어나고 있습니다. 즉, 집단적인 규율이나 의례보다는 개인의 내면적 의미와 자유로운 해석을 중요하게 생각하는 것입니다.

장로님 자녀들은 왜 교회를 떠났을까?

오랫동안 유교적 가치와 농경사회를 유지해 온 대한민국은 '우리가 남이가!'라는 말처럼 강력한 집단주의 사회였습니다. 새벽 예배에 함께 참석한 후 다 같이 밭으로 나가 일했고, 추수철이 되면 함께 찬양하고 감사 예배를 드리며 공동체 중심의 삶을 이어 왔습니다. '효'를 중요시하여 세계 최초로 관련 대학원까지 설립한 나라가 바로 대한민국입니다. 부모 세대가 주도한 대한민국 사회는 철저하게 공동체와 집단주의에 기반하고 있었습니다.

그러나 모바일 혁명은 모든 것을 빠르게 변화시켰습니다. 전 세계 젊은이들이 동시에 시청하는 넷플릭스 같은 온라인 스트리밍 서비스가 국내에 유입되면서, 한국의 MZ세대는 '글로벌 개인주의' 문화를 자연스럽게 받아들이게 되었습니다. 2021년, 유엔무역개발회의(UNCTAD)는 한국을 개발도상국에서 선진국 그룹으로 공식

드라마와 같은 삶을 살고 있는 한국의 젊은이들 <출처: 프렌즈>

변경했습니다. 한국은 경제적 선진국이 되었고, MZ세대는 물질적 풍요와 함께 개인주의적 가치관을 내면화한 세대가 된 것입니다.

제가 대학생 시절에 즐겨 보았던 미국 시트콤 중 『프렌즈』라는 드라마가 있습니다. 뉴욕의 한 아파트에서 부모를 떠나 자유롭게 살아가는 젊은이들의 모습이 당시에는 낯설고 부러웠습니다. 너무 자유분방해서 이해되지 않았던 그 미국 젊은이들의 삶이, 이제는 대한민국 MZ세대의 일반적인 모습이 되었습니다.

지난 10년 동안 많은 교회에 디자인, 브랜드, 기독교 문화에 대한 강의를 하러 다녔습니다. 그 과정에서 개인적으로 흥미롭게 관찰한 변화가 있습니다. 팬데믹 이전만 해도 교회 리더십과 이야기를 나누다 보면, 자녀가 교회에 출석하지 않는 장로님들은 이를 매우 미안해하며 고민하는 모습을 보였습니다. 그런데 최근에는 장로님들이 더 이상 미안해하거나 숨기지 않고, 오히려 자연스럽게 자녀들이 교회에 나오지 않는 현실을 이야기하는 모습을 자주 보게 되었습니다.

5무 교회가 온다

이 변화의 이유는 단지 자녀들의 신앙이 약해져서만은 아닐 것입니다. 더 근본적인 이유는 바로 교회의 기존 집단주의 문화와 MZ세대의 개인주의적 가치관 사이의 충돌에 있습니다. 이전 세대에게는 자연스러웠던 새벽기도, 구역 예배, 하루 종일 교회에 머무르는 생활 등은, 개인의 자유와 선택을 중요하게 여기는 MZ세대에게는 큰 부담이 되었습니다. 전통적인 집단 중심의 교회 생활 방식은 더 이상 이들에게 매력적으로 느껴지지 않았고, 자신만의 방식으로 신앙을 추구하려는 개인주의적 가치관과는 조화를 이루지 못했습니다.

결국, 장로님들의 자녀 세대가 교회를 떠나는 현상은 신앙심의 문제가 아니라, 개인주의라는 새로운 시대적 흐름과 기존의 집단적 교회 문화가 빚어낸 필연적인 갈등과 변화의 결과입니다. 이들은 더 이상 부모 세대와 같은 사고방식을 가지지 않습니다. 이제는 서양의 젊은이들과 유사한 사고방식을 가진 세대가 한국 교회의 주류가 된 것입니다.

순차적 인생 모형이 유효하지 않습니다

목사님과 장로님 자녀들이 교회에 나오지 않는 큰 이유 중 하나는 '이사'입니다. 직장이나 학업, 결혼 등을 이유로 많은 젊은이들이 원래 살던 곳을 떠나 먼 지역이나 해외로 이주하게 되었습니다. 자녀들뿐 아니라 교회 역시 도심에서 교외나 신도시로 자리를 옮겼습니다.

펜실베이니아대학교 와튼스쿨 국제경영학 교수이자 MBA 부학장으로 있는 마우로 기옌(Mauro F. Guillén)은 『2030 축의 전환』에서 우리가 익숙하게 생각했던 '순차적 인생 모형(Sequential life model)'이 무너지고 있다고 주장합니다. 이는 현대인의 삶이 더 이상 정해진 순서대로 흘러가지 않는다는 뜻입니다. 전통적인 순차적 인생 모형은 다음과 같은 단계를 따라갑니다.

- 어린 시절과 청소년기: 학교에서 교육을 받습니다.
- 청년기: 직업을 얻고 사회생활을 시작합니다.
- 중년기: 결혼하여 가정을 이루고 경력을 안정시킵니다.
- 노년기: 은퇴하여 조용한 삶을 삽니다.

이 모형은 산업화 시대 이후 서구를 중심으로 표준화된 사회 제도였고, 한국 사회 역시 오랫동안 이 모델을 따라왔습니다. 학교 → 취업 → 결혼 → 은퇴라는 흐름이 당연한 '정답'처럼 여겨졌던 것이죠.

그러나 마우로 기옌은 이 전통적인 인생 모델이 붕괴되고 있으며, 앞으로는 완전히 다른 방식으로 살아가게 될 것이라고 말합니다. 그가 이야기하는 이유는 다음과 같습니다.

수명 연장 - 100세 시대가 현실화되면서 '은퇴 이후의 삶'이 수십 년씩 지속됩니다. 완전한 은퇴가 현실적으로 어려워지고, 이제는 일과 배움을 반복하며 새로운 일을 찾아가는 유연한 생애 주기가 필수가 되었습니다.

기술과 직업 구조의 변화 - 디지털 기술과 플랫폼 경제의 발달로 20대가 스타트업 CEO가 될 수도 있고, 60대가 인기 유튜버가 될 수도 있는 시대입니다. 직업과 교육의 순서가 다양하게 재조합되며, 새로운 삶의 방식이 등장하고 있습니다.

사회 규범의 약화 – 결혼과 출산이 더 이상 필수가 아닌 시대가 되면서 삶의 중요한 결정들이 개인의 선택 영역으로 옮겨졌습니다. 누군가는 50대에 처음 결혼하고, 누군가는 평생 혼자 살며 만족감을 느낄 수 있게 되었습니다.

경제적 불안정성 – '평생직장' 개념이 사라지고, 사람들은 생애 동안 여러 번 직업을 바꾸고 새로운 기술을 계속 익혀야 합니다. 이제 교육과 일이 분리되지 않고 평생 학습이 일상화된 사회 구조로 전환되었습니다.

이러한 새로운 인생 모형은 기존의 지역 기반으로 운영되어 온 한국 교회에도 큰 도전을 던지고 있습니다. 과거에는 지역에서 태어나고 자라 같은 지역의 학교를 졸업하고, 직장 생활을 하면서 자연스럽게 같은 교회를 다니는 것이 당연한 순서였습니다. 하지만 MZ세대는 다양한 직업과 삶의 방식을 따라 자주 거주지를 옮기기 때문에, 전통적인 교회에서의 출석과 신앙생활 연속성을 유지하기가 어렵습니다. 교회가 더 이상 고정된 삶을 전제로 한 방식으로 접근한다면, MZ세대의 발걸음을 붙잡기가 쉽지 않을 것입니다.

다양한 한달살기 책들

한 달 살기 유행과 디지털 노마드

최근 우리나라에서 '한 달 살기'가 유행이라는 것을 알고 계시나요? 대표적으로 제주도가 인기를 끌고 있으며, 강원도 영월이나 충청남도 같은 지방자치단체에서도 적극적으로 다양한 지원 프로그램을 제공하고 있습니다. 충남은 숙박비와 체험비를 지원하는 프로그램까지 운영 중입니다.

팬데믹 이후 재택근무와 유연한 근무 형태가 보편화되면서 일과 여행을 병행하는 '워케이션 Workation'이 현실이 되었습니다. 이전보다 경제적 여유가 생기고, 삶의 질을 더욱 중요하게 생각하는 가치관이 퍼지면서, 단순한 소비보다는 '경험'을 중시하는 여행 형태가 크게 주목받게 되었습니다.

이러한 '한 달 살기'는 단순한 여행을 넘어서 삶의 방식을 새롭게 정의하는 움직임입니다. 나아가 동남아시아 지역으로 한 달 살기 트렌드가 확산되고 있습니다. 예를 들어 말레이시아의 쿠알라룸푸르에서는 한국 생활비의 절반으로도 생활이 가능합니다. 태국의 치앙마이는 '한 달 살기의 성지'로 불리며, 쾌적한 날씨와 저렴한 물가 덕분에 많은 한국인들이 머물고 있습니다.

최근에는 계획된 여행보다 즉흥적이고 변덕스러운 여행도 매력적인 트렌드로 떠오르고 있습니다. 실제로 조사에 따르면, 전체 응답자의 78%가 즉흥적 여행을 매력적으로 생각했고, 밀레니얼 세대와 Z세대의 77%는 막판에 여행을 예약한 경험이 있다고 합니다.

이러한 흐름 속에서 '디지털 노마드'가 새롭게 주목받고 있습니다. 이들의 높은 경제력과 소비력은 관광산업에서 중요한 고객층으로

발리의 대표적인 코워킹 스페이스 • https://bwork.id <출처: 웹사이트>

여겨져, 각국 정부는 '디지털 노마드 비자'를 도입하여 적극적으로 유치에 나서고 있습니다. 2020년 에스토니아가 최초로 디지털 노마드 비자를 발급한 이래, 현재 전 세계 40개국 이상이 이 제도를 운영 중입니다. 한국에서도 2024년 1월부터 디지털 노마드(워케이션) 비자를 시범 운영 중입니다.

이제 여행은 더 이상 방학이나 연중 한두 번의 특별한 행사가 아닙니다. 여행과 여가는 평일 점심 산책, 저녁 데이트, 주말 성수동 팝업스토어 투어처럼 일상 깊숙이 들어왔습니다. 서울이라는 익숙한 도시에서도 '코스'와 '투어' 같은 여행적 개념이 일상화되었습니다.

이러한 트렌드는 한국 교회에 중요한 질문을 던지고 있습니다. 전통적으로 교회는 특정 지역과 건물을 중심으로 모이는 공동체였습니다. 하지만 이동성과 유연성을 중시하는 MZ세대는 잦은 이동과 변화로 인해 기존의 고정적인 교회 생활 방식이 더 이상 맞지 않습니다. 교회가 이러한 변화를 받아들이고 더욱 유연한 공동체 방식을 제시하지 않는다면, 앞으로도 MZ세대와 교회 사이의 간극은 계속 커질 것입니다.

어쩌면 이제 우리는 한 달에 2주, 1년에 한 달 이상 우리 동네를 떠나 있게 될지도 모릅니다. 그럴 때 우리는 온라인으로 예배를 드려야 할까요, 아니면 현지의 다른 교회를 찾아야 할까요? 직장을 따라 멀리 떠나게 된다면 기존 교회로 매주 돌아와야 할까요, 근처의 새로운 교회로 옮겨야 할까요?

Q2 우리 교회는 하나님을 만난 적이 없는 Z세대를 위한 프로그램이 있나요?

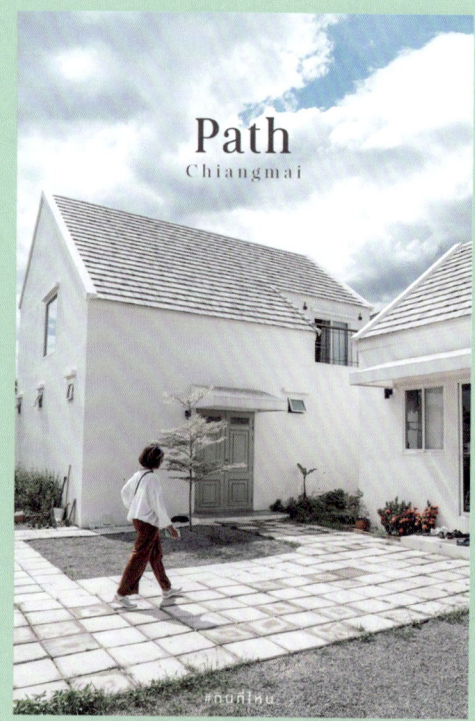

패스 치앙마이 <인스타그램 @path_____>

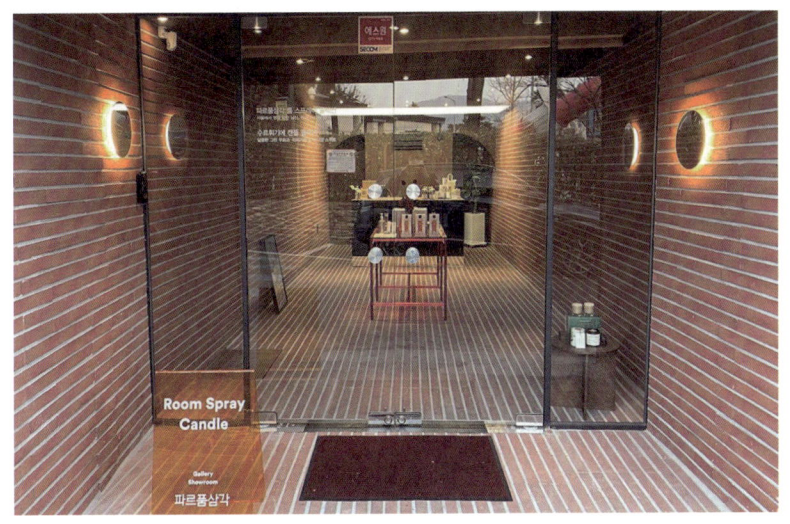

삼각지에 향수 매장을 냈습니다

2020년 12월, 서울 삼각지역 13번 출구 근처(이태원로 2길 16)에 '파르퓸삼각'이라는 향수 매장을 열었습니다. 붉은 벽돌로 마감한 아담한 공간에서는 '남산', '한강', '이태원'이라는 이름의 디퓨저와 멀티퍼퓸을 판매합니다. 매장의 이름이 동네 이름에서 유래한 '파르퓸삼각'이고, 판매하는 향도 모두 지역 이름을 사용한 덕분에

5무 교회가 온다

처음에는 주위 어른들의 걱정을 많이 들었습니다. 이름이 너무 무난하거나 밋밋해서 관심을 끌지 못할 수도 있다는 염려였습니다.

언젠가 금요일 저녁 택시를 탄 적이 있습니다. 기사님과 두런두런 이야기를 나누다가 기사님이 '요즘 아이들은 알다가도 모르겠다'는 말을 하셨습니다. 이유를 여쭤보니 방금 전에 서울역에서 젊은 여성들을 태웠는데, 천안에서 서울까지 올라온 이유가 바로 '한강에서 친구들과 치맥 파티'를 하기 위해서였다고 합니다. 이제는 한강이 단순한 지역적 장소가 아니라 젊은이들에게 하나의 문화적 경험으로 자리 잡았습니다. 실제로 요즘 한강 공원에 가보면 라면을 먹기 위해 줄을 선 해외 관광객들도 쉽게 볼 수 있습니다. SNS상에서 '한강 라면 먹기' 리뷰가 하나의 글로벌 트렌드가 되었습니다.

지역적 공간은 더 이상 물리적인 의미에 머물지 않고, 전 세계 사람들이 공유하고 경험할 수 있는 '문화적 랜드마크'가 되고 있습니다. 뉴욕의 센트럴 파크는 영화와 드라마에 자주 등장하는 세계적 명소입니다. 이와 비슷한 의미로 '남산', '한강', '이태원' 역시 K-Culture의 열풍과 함께 세계적인 관광지로 변해가고 있습니다.

한강 라면 먹으러 한국 온다는 외국인 관광객 근황 / 스브스뉴스

삼성 갤럭시 언팩 2019 '미래를 펼치다' <출처: 웹사이트>

삼각지에 매장을 내겠다는 생각은 2019년 초에 처음 들었습니다. 당시 제게 큰 인상을 주었던 광고가 있었습니다. 삼성이 자사의 스마트폰 갤럭시를 홍보하기 위해 '미래를 펼치다'라는 한글 광고를 전 세계 주요 도시 중심에 걸었던 것입니다. 프랑스 파리의 퐁피두 센터 앞, 뉴욕의 타임스퀘어, 트라팔가 광장 한복판에 우리 한글이 당당히 등장했습니다.

오랫동안 우리는 영어로 된 것이 더 멋지고, 한국어는 촌스럽다고 여겨왔습니다. 그러다 점차 제품이나 브랜드에 영어 대신 한글을 사용해도 충분히 아름답고 멋질 수 있다는 것을 깨달았습니다. 이제는 우리나라의 언어가 세계 주요 도시에 걸려도 어색하지 않을 만큼 대한민국의 문화적 자신감과 국력이 높아졌습니다. 삼각지의 작은 매장 '파르품삼각'도 그런 맥락에서 지역 이름을 당당히 내세운 것입니다.

아시아 2038: 세상을 변화시킬 10가지 미래 동인

소하일 이나야툴라 Sohail Inayatullah의 『아시아 2038』이라는 책이 있습니다. 한국어로는 『한국과 아시아의 미래 2040』이라는 제목으로 번역되었습니다. 저자인 이나야툴라는 UN과 세계 유수의 연구기관에서 활동한 국제적인 미래학자입니다. 해외 선교, 특히 아시아 지역 선교를 하는 교회와 선교사님들께 이 책을 자주 추천하는 이유는, 이 책이 앞으로 아시아에서 일어날 중요한 변화를 선명히 제시하고 있기 때문입니다. 개인적으로도 큰 영향을 받은 책이어서 중요한 부분을 골라 소개하려고 합니다.

이나야툴라는 아시아를 바꿀 중요한 10가지 요소를 꼽으면서, 첫 번째로 '새는 한쪽 날개로 살 수 없다'라는 표현을 사용했습니다. 중국 심천에서 15살에 핸드폰 부품 공장 점원으로 시작해 40대에 중국 최고의 여성 부자가 된 '저우췬페이'의 이야기로 이 주제를 시작합니다. 아시아 지역, 특히 중국과 인도 같은 나라에서 여성들은

 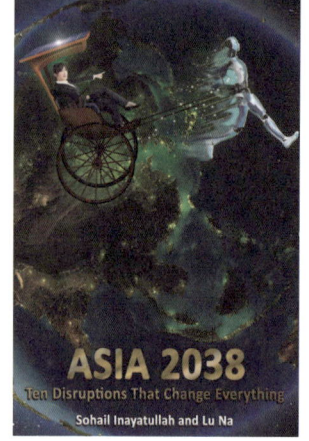

한국과 아시아의 미래 2040

오랫동안 정당한 대우를 받지 못했습니다. 노동력으로서 신체적 강함을 요구했던 농사나 공장 노동에서 여성은 상대적으로 불리했기 때문입니다.

그러나 기술의 발전은 모든 것을 바꿨습니다. 이제 공장과 같은 대규모 육체 노동은 자동화 시스템과 로봇이 담당합니다. 앞으로 사람이 수행해야 하는 일들은 대부분 지혜와 감성, 다정함과 공감을 기반으로 하는 것들이 될 것입니다. 이나야툴라는 앞으로의 시대에 가장 중요한 가치가 '연대(Solidarity)'가 될 것이라고 말합니다. 그리고 연대라는 가치를 실현하는 능력에 있어서 여성의 역량이 남성보다 더 뛰어나다는 것을 강조합니다.

이러한 변화가 가져올 사회적 흐름은 다음과 같습니다:

1. 여성의 사회적 지위 상승
2. 아시아 전역에서 급격히 낮아지는 출산율
3. 여성의 경제적 자산과 소득 수준 증가
4. 여성의 평균 교육 수준이 계속해서 높아짐
5. 여성의 사회적 상승과 성공이 개인의 이상적 미래로 자리 잡음
6. 기업과 정부 등 주요 조직의 여성 리더 비율 증가
7. 국가 행정 수반 등 최고 지도자로 여성의 등장
8. 이와 같은 변화 흐름은 일부 전통적 가치에 의해 일시적으로 저항을 받을 수 있음

이러한 흐름은 이미 시작된 변화이며, 장기적으로는 절대 되돌릴 수 없는 큰 흐름입니다. 일시적으로는 지체시키거나 저항할 수 있지만, 결국 수많은 사람들의 마음과 사회적 기대가 여기에 집중되어 있기 때문입니다. 사실 미래학은 단순한 예언이 아닙니다. 수많은

사회 현상과 사람들의 욕구를 관찰하고, 이들이 진심으로 원하는 미래가 무엇인지를 깊이 있게 읽어내는 작업입니다.

아시아에 살고 있는 많은 사람들은 이미 여성들이 지난 세월 동안 정당한 대우를 받지 못했다고 생각하며, 앞으로는 이런 불공평한 구조가 개선되기를 강력히 바라고 있습니다. 그리고 우리는 이미 한국과 대만에서 여성 국가지도자가 등장하고, 여성 기업가들의 성공 사례가 증가하는 등 이러한 흐름이 현실화되는 것을 목격하고 있습니다.

우리는 로봇과 결혼할 수 있을까?

아시아 전역에서 여성의 지위가 놀라울 정도로 상승하고 있습니다. 그리고 이러한 변화는 (책에 따른 내용으로 제 개인적인 견해가 아님을 미리 밝힙니다) '결혼'과 '사랑', '성'에 대한 개념 변화도 함께 가져오고 있다고 합니다. 책의 두 번째 장 제목은 '우리는 로봇과 결혼할 수 있을까'입니다.

여성의 사회적 지위 향상과 경제적 자립 증가는 많은 여성이 원하지 않는 결혼을 거부하거나, 불행한 결혼 생활을 끝내는 선택으로 이어졌습니다. 이미 한국의 이혼율은 서구 국가와 유사한 수준으로 올라갔으며, 가족을 무엇보다 중시하던 아시아 지역 전체에서도 이러한 현상이 점점 보편화되고 있습니다.

2009년 일본에서는 'SAL9000'이라는 아이디를 가진 남성이 닌텐도 DS의 게임 캐릭터인 '네네 아네가사키'와 친구들의 축복 속에서 결혼식을 올려 화제가 되었습니다. 단순한 해프닝일 수도 있지만, 이후 점점 더 많은 사람이 게임이나 가상 캐릭터와 결혼하는 이벤트

넷플릭스 드라마 '겨우, 서른' <출처: 百度百科>

를 열고 있습니다. 심지어 미래학자들은 우리가 가까운 시일 내에 인간의 성적 욕구와 감정적 욕구를 충족시켜 줄 수 있는 로봇의 출현을 목격하게 될 것이라 전망합니다. 실제로 테슬라 CEO인 일론 머스크는 2020년 자사의 인간형 로봇 출시 가능성에 대해 트위터에서 설문조사를 하기도 했습니다.

이미 한국의 젊은 세대는 결혼을 하지 않습니다. 2025년 국민인구행태조사에 따르면, 20~44세 여성 중 무려 55.1%가 결혼할 의향이 없다고 답했습니다. 이 현상은 아시아 전역에서도 동일하게 나타나고 있습니다.

넷플릭스 드라마 '겨우, 서른'은 중국 상하이에 사는 세 명의 여성을 주인공으로 합니다. 결혼과 자녀, 직장 생활과 사업, 독신과 연애 등 다양한 배경을 가진 여성들의 삶을 생생히 그린 작품입니다. 총 43화의 긴 이야기지만, 주인공들이 자신의 내면의 목소리에 따라 중요한 결정을 내리는 모습이 매우 인상적입니다.

5무 교회가 온다

최윤식 박사 <빅체인지 한국교회> <출처: CTS>

미래학자 최윤식 박사는 2023 목회인사이트 컨퍼런스에서 현재 한국 교회의 가늠자가 잘못 설정되어 있다고 지적했습니다. 그동안 교회는 전형적인 3~4인 가족 중심의 목회를 해왔습니다. 집도 4인용 식탁, 자동차도 세단, 부모와 자녀가 함께 다니는 교회가 이상적인 형태였습니다. 그러나 시대가 변했습니다. 팬데믹 이후 교회 출석자의 절반 가까이가 1인 또는 2인 가구로 구성되었습니다. 교회의 구조와 목회 전략도 이러한 현실에 맞게 변화해야 합니다.

대퇴사 시대와 뉴파워

최근 MZ세대 사이에서 크게 유행한 밈(meme)이 있습니다. 바로 영화 해리포터의 집 요정 도비가 자유를 얻는 장면을 캡처한 '도비는 자유예요' 입니다. 이 밈은 힘든 직장 생활에서 벗어나 자유를 찾겠다는 의미로 쓰입니다.

아시아 전역의 직장에서 권위주의가 종식되고 있습니다. 불합리한 지시와 수직적 의사결정에 더 이상 순응하지 않습니다. '대퇴사 시대 Great Resignation'라는 말을 들어보셨나요? 팬데믹 이후 일과 삶의 균형을 잃은 전 세계 젊은 세대가 회사를 대거 떠나는 현상을 일컫는 말입니다. 기업과 경영진에게도 매우 심각한 이슈가 되고 있으며, 한국도 마찬가지로 2019년 통계에 따르면 신입사원의 절반이 입사 후 2년 이내 퇴사한다고 합니다.

『아시아 2038』에 따르면, 아시아 지역에서 사람들의 사고방식을 지배했던 것 중 하나가 '신왕' 개념입니다. 신왕은 하늘에서 내려온 초인적 존재로, 반인반신의 왕이 세상을 다스린다는 뜻입니다. 아시아는 오랜 농경사회였기 때문에 정해진 주기에 따라 공동체가 함께 일했습니다. 마을 어른이나 장로의 판단에 머리를 숙이는 일이 당연했습니다. 하지만 시대가 달라졌습니다.

제레미 하이먼즈의 『뉴파워: 새로운 권력의 탄생』이라는 책은 모바일 기술이 가져온 놀라운 세대 교체를 설명합니다. 오랫동안 인류는 왕정과 관료제, 가부장제 같은 상하 구조의 사회를 구축해 왔습니다. 책은 이를 '올드파워'라고 부릅니다. 반면 **'뉴파워'**는 모바일 기술로 실시간 연결된 대중의 힘을 뜻합니다. 카카오톡, 페이스북, 인스타그램 같은 소셜미디어가 우리 삶에 깊숙이 들어오면서, 사람들은 빠르게 소식을 공유하고 의견을 제시하며 공동의 영향력을 발휘할 수 있게 되었습니다.

MZ세대는 '뉴파워' 세대입니다. 특히 Z세대는 태어날 때부터 모바일이 일상인 완전한 디지털 세대입니다. 어렵게 공무원 시험에 합격한 젊은 세대가 빠르게 이탈하는 사례가 증가하고 있습니다. 과거에는 낮은 급여라도 연금과 안정성 때문에 버틸 수 있었지만, 이제는 달라졌습니다. 불합리한 업무 지시를 견딜 필요가 없습니다.

인스타그램 계정을 통해 쉽게 수천 명의 팔로워를 모으고, 제품 협찬을 받으며, 소규모 인플루언서가 되어 본업 이상의 수익을 올릴 수 있게 되었습니다. 더 이상 기존 직장에 머무를 필요가 없어진 것입니다.

공장식 교육의 종언: 서울대 대신 사이버 대학을 선택했어요

지난 50여 년 동안 많은 아시아인들이 서구로 이민을 결정한 가장 큰 이유는 자녀의 교육 때문이었습니다. 이민자 부모들은 자신의 어려움을 자녀에게 물려주지 않기 위해 공장, 세탁소, 슈퍼마켓에서

김씨네 편의점 <출처: 넷플릭스 웹사이트>

"캠퍼스 없는 학교, 비판적 사고 길러줬다" <출처: 아시아 교육협회>

힘들게 일하면서도 자녀 교육에 최선을 다했습니다. 캐나다 드라마 '김씨네 편의점'은 이런 한인 이민자 가족의 이야기를 정감 있게 담아 여러 나라에서 큰 인기를 얻었습니다.

하지만 이제는 더 이상 교육을 위해 외국으로 나갈 필요가 없습니다. 기술이 교육의 방식을 완전히 바꾸었기 때문입니다. 미네르바 스쿨을 아시나요? 서울대와 동시에 합격했지만, 미네르바 스쿨을 선택한 임지엽 학생이 주목을 끌었습니다.

미네르바 스쿨은 캠퍼스가 없는 온라인 중심 대학입니다. 학생들은 전 세계에서 모집되며, 샌프란시스코, 서울, 타이베이, 하이데라바드, 부에노스아이레스, 베를린, 런던 등 7개 도시를 돌며 각 도시에서 한 학기씩 생활합니다. 도시마다 창업가, 사업가, 정부 인사와 같은 현지 전문가들을 만나고, 실전 중심의 문제 해결 능력을 배우게 됩니다. 이러한 새로운 형태의 교육은 미래를 이끌어 갈 MZ세대에게 더 큰 매력으로 다가오고 있습니다.

5무 교회가 온다

도한놀이·한국어 간판·교복 체험…한국에 진심인 일본 Z세대들 <출처: 경향신문>

도한 놀이: 경쟁 지향에서 문화 지향으로

인도네시아어에 "잘란잘란 jalan-jalan"이라는 표현이 있습니다. 잘란잘란은 "산책하다" 또는 "어슬렁거리다"라는 뜻으로, 여유롭게 거리를 걷거나 주변을 둘러보는 행위를 의미합니다.

아시아 지역 사람들은 오랫동안 농사를 짓기 위해 새벽 일찍부터 일을 시작했습니다. 도시화 이후에는 좋은 학교와 직장을 얻기 위해 치열한 경쟁 속에서 살아야 했고, 특히 한국은 세계적으로 유명한 고강도의 교육 경쟁을 경험했습니다.

그러나 지금은 돈을 벌고 삶을 유지하는 방법이 다양해졌습니다. 꼭 좋은 학교를 졸업하거나 안정된 직장에 들어가야만 성공하는 시대가 아닙니다. 직장 생활을 하다가도 창업을 위해 과감히 회사를 떠나는 사례가 많아졌습니다. 이제 사람들은 '구도자'와 같은 마음으로 가볍게 어슬렁거리며 자신만의 길을 찾습니다. 즉, 경쟁이 아니라 문화를 따라가야 미래가 보이는 시대가 온 것입니다.

많은 아시아 사람들은 이제 해외여행을 적극적으로 즐기기 시작했습니다. 중국의 경우, 팬데믹 이전인 2019년에 이미 1억 5천 5백만 명이 해외 여행을 떠났고, 앞으로 매년 2억 명 가까이 해외로 나갈 것으로 예상됩니다.

2021년 일본에서는 '도한놀이 渡韓ごっこ'라는 인스타그램 챌린지가 크게 유행했습니다. 일본의 젊은 세대, 특히 Z세대 여성들은 실제로 한국에 가지 않고도 한국 문화를 경험하는 놀이를 즐기기 시작했습니다. 호텔이나 집에서 한국 음식과 소품을 이용해 마치 한국에 온 것 같은 분위기를 만들고, K-팝 음악이나 한국 드라마를 즐기는 것입니다.

일본은 현재 5차 한류가 진행 중입니다. 이 단계에서는 한국 콘텐츠가 단순한 서브 콘텐츠를 넘어 일본 내 주류로 자리 잡고 있으며, 한국인과 한국 문화, 한국어 자체를 자연스럽게 받아들이는 현상이 나타나고 있습니다. 실제로 2024년 일본 TBS 드라마 『아이 러브 유 (Eye Love You)』는 한국 배우 채종협을 주인공으로 캐스팅해 큰

후지TV/넷플릭스 드라마 '아이러브유' <출처: 넷플릭스>

5무 교회가 온다

일본서 한국 관광비자 '쟁탈전' <출처: 연합뉴스>

화제를 모았습니다. 드라마에서 한국어 대사는 자막 없이 그대로 방송되었고, 넷플릭스 공개 후 일본 내 시청률 1위를 기록했습니다.

2022년 6월, 한국 관광 비자를 받기 위해 일본 청년들이 며칠간 밤샘 줄을 서는 진풍경이 벌어졌습니다. 팬데믹 기간 동안 한국과 일본 간 무비자 제도가 중단된 상황에서 한국 관광이 재개되자 일본의 Z세대가 한국 비자를 얻기 위해 긴 행렬을 만든 것입니다.

오징어 게임2를 22일 만에 제친 넷플릭스 드라마, XO 키티 시즌2가 뭐길래?

넷플릭스 오리지널 드라마 『오징어 게임』 시즌 2가 공개된 지 22일 만에 1위 자리를 내줬습니다. 신작 『엑스오 키티(XO, Kitty)』 시즌 2가 2024년 12월 27일부터 21일 연속 1위를 유지하던 『오징어 게임』을 제치고 정상에 올랐습니다.

『엑스오 키티』는 미국에서 온 주인공 키티가 엄마가 다닌 학교이자 남자친구가 있는 한국의 고등학교에 입학하면서 벌어지는 이야기를 담은 작품입니다. 시즌 1은 공개 후 단 4일 만에 글로벌 시청 시간 7,208만 시간을 기록하며 큰 인기를 끌었습니다. 특히 시즌 2는 한국과 아시아 지역뿐만 아니라 서구권에서 더욱 큰 사랑을 받고 있습니다. 한국적인 감성과 미국 하이틴 드라마 스타일이 결합된 이 작품은 천안에서 촬영되었으며, 상명대학교 천안캠퍼스와 천안종합운동장이 배경으로 등장합니다.

영어 예배를 시작해 볼까요?

저는 요즘 여러 지역 교회에 영어 예배를 시작해 보자고 권유하고 있습니다. 과거에는 주로 서구권이나 원어민 선생님을 위한 영어 예배였지만, 지금은 한국에서 한 달 살기, 여행, 유학, 일을 위해 체류 중인 다양한 아시아 국가의 사람들을 초대하는 예배로 확장하고 있습니다. 재미있는 사실은 평소 교회 방문을 부담스러워하던 한국의 젊은이들도 영어 예배 초청을 받으면 생각보다 편안하게 참석한다

 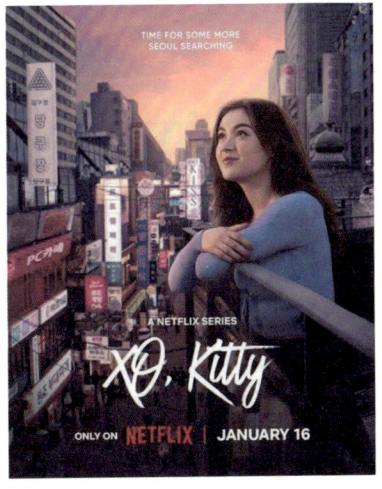

XO 키티 시즌2 <출처: 넷플릭스>

국내 거주 외국인들 위한 '다하나국제교회' <출처: 크리스천투데이>

는 것입니다. 이제 한국은 진정한 국제 사회로 변모하고 있습니다.

서울 이문동 외대앞에 위치한 '153 Street 버거'는 이해동 목사님이 이끄는 '다하나 국제교회'에서 함께 운영하는 곳입니다. 이곳에서는 햄버거를 주문하면 주방에서 몽골어가 들리고, 몽골 유학생들이 함께 예배를 드리고 전통 음식을 나누는 모습을 볼 수 있습니다. 매년 명절이면 전국의 몽골 유학생들이 이곳에 모여 'MOSTA'라는 큰 집회를 엽니다. 이는 과거 미국에서 유학생들이 모였던 KOSTA처럼 한국에서 몽골 청년들이 만들어낸 새로운 문화입니다.

VCHA라는 그룹을 아시나요?

충북 음성군은 현재 주민 6명 중 1명이 외국인일 정도로 국제화가 진행된 지역입니다. 고령화로 인해 외국인 노동력이 없으면 지역 경제가 유지되지 않을 정도입니다. 이 지역 식당에 들어가 네팔어로 "나마스테"라고 인사를 하면 똑같이 "나마스테"라는 답을 들을 수 있을 만큼 일상적인 풍경이 되었습니다.

한국은 오랫동안 단일민족 국가라는 자부심을 가지고 있었지만, 지금은 OECD가 규정한 외국인 인구 비율 5%를 넘겨 명실상부한 다문화 국가가 되었습니다. 현재 한국 내 외국인 거주자는 250만 명을 넘어 전체 인구의 5%를 차지하고 있습니다.

K-pop Group VCHA <출처: JYP Entertainment>

최근 미국의 그래미 닷컴이 발표한 '2024년 주목해야 할 아티스트 25'에 JYP 엔터테인먼트의 신인 걸그룹 VCHA(비춰)가 선정되어 화제가 됐습니다. 이 그룹의 멤버들은 모두 영미권 출신으로, 글로벌 제작진과 함께 활동하고 있습니다. 그렇다면 VCHA는 과연 K-팝이라고 할 수 있을까요? 멤버 전원이 한국인이거나, 한국 회사에서만 기획해야만 K-팝일까요? 멤버가 모두 해외 출신이지만 한국 시스템으로 양성한 VCHA처럼 새로운 K-팝의 형태가 등장하고 있습니다.

Q3 우리 동네에 외국인 현황을 알고 있나요?
우리 교회에 외국인을 위한 예배가 있나요?

현상

- Lifestyle
- Ritual
- Community
- Local

라이프스타일

오픈워십 <출처: 엠하우스>

04
Lifestyle

교회 재건축을 고민하신다면 더현대서울에 가보세요

더현대서울 <출처: 더현대서울 웹사이트>

최근 몇 년간 여러 교회의 리브랜딩 프로젝트를 함께 진행하면서, 특히 교회 재건축을 앞둔 교회와 미팅을 자주 하게 되었습니다. 이때마다 제가 꼭 추천하고 함께 투어까지 진행하는 곳이 있습니다. 바로 여의도의 백화점, 더현대서울입니다. 교회를 재건축하는 데 왜 백화점을 권할까요?

2021년 2월, 서울 여의도에 약 10년 만에 새로운 백화점 '더현대서울'이 문을 열었습니다. 처음에는 많은 우려가 있었습니다. 근처 영등포와 신촌에도 이미 현대백화점이 있고, 인근 타임스퀘어와의 경쟁도 만만치 않기 때문이었죠. 하지만 더현대서울은 모두의 예상을 깨고, 개장 이후 국내 백화점 중 최단 기간에 연 매출 1조 원을 돌파하는 놀라운 기록을 세웠습니다.

특히 이 매출이 의미 있는 이유는 기존 백화점의 필수 브랜드로 꼽히는 '에르메스, 루이비통, 샤넬(에.루.샤)' 매장 없이 이뤄낸 성과이며, MZ세대와 외국인 관광객들을 주된 타겟으로 잡은 첫 번째 백화점이라는 점입니다.

이렇게 놀라운 성공을 거둔 더현대서울의 비결을 분석한 책이 있습니다. 바로 『더현대서울 인사이트』인데요. 트렌드 코리아 시리즈로 유명한 김난도 교수와 연구진들이 수많은 현장 인터뷰와 자료 조사를 통해 정리한 책으로, 더현대서울이 어떻게 젊은 세대의 마음을 사로잡았는지 상세히 소개하고 있습니다.

직접 방문하셔서 현장의 분위기를 체험하고 싶으시다면, 더현대서울에서 제공하는 '벤치마킹 투어'를 이용해 보시길 권합니다. 더현대서울 웹사이트에 접속하셔서, 1층 안내데스크에서 가이드맵을 받아 온라인 오디오 가이드와 함께 투어를 진행하면 더 깊이 있는 인사이트를 얻으실 수 있습니다.

더현대 서울 벤치마킹투어 <출처: 더현대서울 웹사이트>

모두가 반대한 여의도에 백화점 세우기

현대백화점이 처음 여의도에 신규 매장을 열겠다고 발표했을 때, 회사 내부에서 엄청난 반대 의견이 있었다고 합니다. 그 이유는 크게 세 가지였습니다.

첫째는 여의도의 거주 인구 문제입니다. 여의도는 대표적인 업무지구로, 평일 낮에는 약 14만 명의 인구가 있지만, 퇴근 후 저녁에는 약 4만 7천 명으로 크게 줄어듭니다. 주말이 되면 더 줄어들죠. 그런데 백화점은 일반적으로 주말 매출 비중이 평일보다 높은 대표적인 '주말 장사'입니다. 일반 백화점의 매출은 보통 평일 5일 동안 46%, 주말 2일 동안 54%로 주말에 훨씬 집중되어 있습니다. 여의도의 특성과는 정확히 반대되는 상황이었던 겁니다.

둘째는 강력한 경쟁자의 존재입니다. 신촌에는 현대백화점 본점이, 영등포에는 타임스퀘어가 이미 자리 잡고 있었고, 가까운 홍대 상권도 젊은 층을 끌어모으는 상황에서 새로운 백화점의 생존이 불투명했습니다.

셋째는 시기적인 문제였습니다. 코로나 팬데믹 이후 전 세계적으로 많은 백화점과 쇼핑몰이 폐점하고 있었습니다. 영국에서는 400개 이상의 백화점이 문을 닫았고, 일본에서는 2019년에만 10개, 미국에서는 무려 2만 개의 소매점이 폐업하는 등 '소매업의 종말 Retail Apocalypse'이라는 말까지 등장한 시점이었습니다.

이처럼 소매업의 위기는 백화점이라는 공간의 존재 이유 자체를 뒤흔들었습니다. 소비자들은 이제 굳이 옷을 갖춰 입고 매장까지 가는 대신, 클릭 한 번으로 온라인에서 모든 물건을 손쉽게 구입합니다.

5무 교회가 온다

바로 다음 날 새벽 배송으로 집 앞에 물건이 도착하는 세상이 되었기 때문이죠.

팬데믹 이후, 사람들은 집 밖으로 나가는 일을 점점 귀찮아하고 꺼리게 되었습니다. 하루 종일 스마트폰으로 유튜브 쇼츠와 넷플릭스를 보고, 배달의민족으로 음식을 주문하며, 정기적으로 필요한 생필품들은 쿠팡이나 쓱닷컴을 통해 배송을 받습니다. 이렇게 모든 것이 온라인화된 세상에서 오프라인 백화점의 역할은 무엇이 되어야 할까요?

이러한 불리한 조건 속에서 더현대서울은 어떻게 성공할 수 있었을까요? 바로 이 질문의 답을 찾는 과정이 교회 리브랜딩과 공간 재구성을 고민하는 우리에게 중요한 힌트가 될 수 있습니다.

청년들은 페르소나 공간에만 갑니다

그런데 이상한 일이 생겼습니다. 대부분의 오프라인 공간은 점점 문을 닫고 있는데, 이상하게도 MZ세대가 계속 모이는 공간들이 있습니다. 멀리서 기차를 타고 오고, 몇 달 동안 돈을 차곡차곡 모아 비행기나 배를 타고 가기도 합니다. 이렇게 일부 공간에만 청년들이 꾸준히 몰리는 이유가 무엇일까요?

김난도 교수는 『더현대서울 인사이트』에서 이런 공간을 '페르소나 공간'이라고 부릅니다. 페르소나 공간은 간단히 말해 '이곳은 내 공간이다'라고 자랑스럽게 말할 수 있는 곳입니다. 내가 누구인지, 내가 무엇을 좋아하는지 표현할 수 있는 공간입니다. 나의 취향, 관심사, 가치관 등을 만족시키고, 나를 조금 더 성장시킬 수 있는 경험을 제공하는 곳입니다.

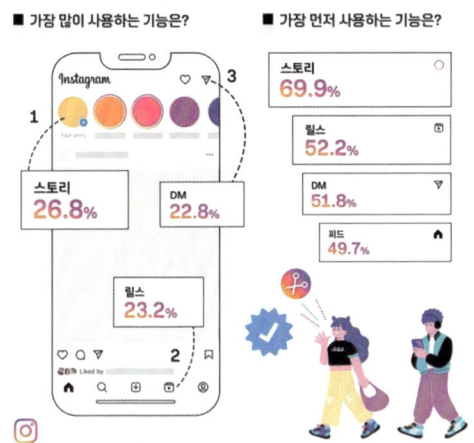

한국 Z세대 인스타그램서 '스토리' 가장 많이 쓴다 <출처: MTN>

조금 더 직설적으로 말씀드려 보겠습니다. **청년들이 자신의 인스타그램에 '나 여기 다녀왔어'라고 올리고 싶은 곳입니다.** 인스타그램은 내 자신을 설명하는 일종의 설명서이자 분신입니다. 그런 곳에 사진을 올린다는 것은 그 장소에 다녀왔다는 게 자랑스럽다는 뜻입니다. 물론 모든 장소를 인스타그램 피드에 '박제'하지는 않습니다. 스토리에 가볍게 올려줘도 충분히 감지덕지입니다.

제가 이 대목을 교회에서 강의하면 청년들은 슬며시 웃고, 장로님들은 무슨 말인지 고개를 갸웃하십니다. 그때 저는 웃으며 말씀드립니다. "자세한 내용은 청년들에게 꼭 물어보세요"라고 말이죠.

우리 교회에서 하는 행사에 온 청년들이 자기 인스타그램 피드에 사진을 올릴 수 있을까요? 만약 그렇게 한다면, 그 순간이 친구들에게 '나는 교회 다녀'라고 밝히는 커밍아웃의 순간이 됩니다.

5무 교회가 온다

솔직히 말하자면, '새생명축제' 같은 기존의 행사 방식은 더 이상 효과가 없습니다. 초대하는 사람도, 초대받는 사람도 부담스럽습니다. 오히려 모두 알고 있지만, 그동안 계속해왔기 때문에 차마 없애지 못하고 있는 경우가 많습니다.

모바일 혁명이 일어나고 무한한 온라인 공간이 생기면서 오프라인 공간은 송두리째 달라졌습니다. 정말 의미 있고, 특별한 경험을 주는 공간에만 소중한 내 '시간'을 내어줍니다. 그렇지 않으면 굳이 방문하지 않습니다.

MZ세대는 부산에서 성수동까지 캐리어를 끌고 옵니다

그런데 더 재미있는 현상이 있습니다. 청년들이 더 까다롭게 공간을 고르는 것 같지만, 일단 '괜찮다'고 판단하면 거리나 비용을 따지지 않고 기꺼이 찾아옵니다.

'더현대서울'은 처음부터 MZ세대를 타깃으로 만든 백화점입니다. 실제로 더현대서울 방문객의 절반 이상이 서울 이외의 지역에서 온 MZ세대였습니다. 처음 예상하지 못했던 현상이라 급하게 캐리어 보관 서비스를 도입했다고 합니다.

저도 재미난 경험을 했습니다. 주말마다 새로운 공간을 둘러보기 위해 토요일 오전, 미리 예약을 한 서울 서순라길의 유명 브런치 식당(@ida_seoul)에 방문했습니다. 옆 테이블에 캐리어를 단정하게 배치한 청년 4명이 이야기를 나누고 있었습니다. 형제 2명, 자매 2명이었는데, 이야기를 들어보니 아침에 대구에서 올라온 청년들이었습니다. 미리 예약한 이 식당에서 브런치를 먹고, 오후에 호텔에 체크인한 후 주말 동안 서울 여러 곳을 돌아본다는 계획이었습니다.

인스타그램 @ida_seoul

그렇습니다. 이야기가 있는 곳이면 전국 어디든 갑니다. 심지어 해외도 갑니다. 돈을 모아서 가기도 하고, 유튜브를 보면 몇 년간 돈을 모아 꿈꾸던 장소로 떠나는 청년들의 이야기가 넘쳐납니다.

현대백화점은 이런 청년들의 공간 소비 방식에 주목했습니다. 전통적인 백화점은 이름처럼 정말 '백 가지 물건'이 있는 장소입니다. 쿠팡 로켓배송으로 하루 만에 받을 수 있는 제품이 수백만 개인 시대에 굳이 물건 몇 가지가 있는 백화점에 방문할 이유가 있을까요?

그렇지만 만약 그곳이 물건을 넘어 내가 좋아하는 것들, 나를 성장시킬 수 있는 것들, 나의 취향과 정서를 만족시키는 것들로 가득하다면 이야기가 달라집니다. 근처뿐 아니라 먼 지역에서도 기꺼이 찾아올 수 있겠죠.

현대백화점은 MZ세대의 다양한 관심사를 9가지 페르소나로 세분화했습니다. 각 페르소나가 좋아하는 콘텐츠와 경험을 담았습니다. 그리고 2021년 9월, 이 페르소나를 담은 광고를 유튜브에 공개했습니다. 실제 교회를 다니지 않는 청년들이지만, 이 시대의 청년들이 '나도 저렇게 살고 싶다'라고 생각할 만한 모습을 담아낸 광고였습니다. 이 광고는 공개 직후 수십만 뷰를 기록했고, 첫 3일 동안 더

더현대서울 광고 'Sound of the future'

현대서울에는 무려 250만 명의 방문객이 몰렸습니다.

저는 이 지점에서 큰 고민이 듭니다. 더현대서울에 열광하며 방문했던 바로 그 청년들이 우리 교회가 초대하고 싶은 청년들이기 때문입니다. 만약 교회도 이 광고 수준으로 "우리 교회가 여러분의 감성과 삶을 이해하고 있어요"라고 표현한다면, 분명 청년들은 우리 교회에도 오지 않을까요?

하지만 정말로 이런 광고를 교회가 만들 수 있을까요? 교회 이름으로 이런 광고를 공개할 수 있을까요? 이런 질문 앞에서 저는 자꾸만 고민하고 멈추게 됩니다.

공간을 어떻게 구성해야 하는가? 백화점에서 테마파크로

교회가 공간을 고민할 때, 저는 늘 **"쉼이 있는 공간을 만들어야 한다"**고 말씀드립니다. '더현대서울'에 가보면 기존의 백화점과는 완전히 반대되는 방식을 만날 수 있습니다. 무엇보다도 놀라운 점은, 첫 번째로 '돈'을 포기했다는 것입니다. 무슨 말일까요?

더현대서울 '사운즈 포레스트' <출처: 더현대서울 웹사이트>

더현대서울이 가장 자랑하는 5층의 '사운즈 포레스트'는 약 1천 평 규모의 실내 정원으로, 국내 최대 규모를 자랑합니다. 1층에서부터 시원하게 떨어지는 공중 폭포와 한 층을 통째로 비워 조성한 정원은 모두 판매 공간이 아닙니다. 그냥 보고, 쉬라고 만든 공간입니다. 일반적으로 백화점은 판매공간과 쉼의 공간을 7:3의 비율로 구성하는데, 더현대서울은 판매공간과 쉼의 공간을 5:5 비율로 설계했습니다. **무려 3,400평, 매장 170개를 넣을 수 있는 공간을 비워 연간 2,000억 원의 매출을 포기**한 것입니다.

지금은 물건을 '사는 공간'은 더 이상 필요하지 않습니다. 온라인은 이미 압도적으로 다양하고 저렴하며 빠릅니다. 이제 오프라인은 '사러 가는 공간'이 아니라, 맛보고 만나고 즐기고 배우러 가는 공간입니다. '잘란잘란' 산책하듯 천천히 걸으며 새로운 무언가를 발견하는 기쁨과 기대를 품게 하는 공간이어야 합니다.

5무 교회가 온다

교회 리브랜딩 프로젝트를 진행하다 보면, 때로는 안타깝게도 죄송하다며 프로젝트를 거절해야 하는 경우가 생깁니다. 특히, 교회 당회나 건축가께서 **여전히 펜데믹 이전의 교회 모델**을 바탕으로 계획하고 있을 때입니다. **구약의 성전을 본뜬 웅장한 예배당, 좁고 칸칸이 나뉘어진 소그룹실**은 이미 구시대의 패러다임입니다.

저 역시 답을 찾아가는 과정 속에서 이 책을 쓰고 있지만, 분명한 인사이트 하나는 이제 구약의 교회 모델은 현대 사회에서 더 이상 힘을 얻지 못할 것이라는 점입니다. 수많은 젊은 세대들을 만나며 얻은 이 인사이트는 아직 논리적으로 완벽히 설명하기 어렵지만, 분명히 제 안에서 확신으로 자리 잡고 있습니다.

그렇다고 전통적인 예배 공간이나 교회 건축 방식 자체가 잘못됐다는 뜻이 아닙니다. '배경' 장에서도 말씀드린 것처럼 현대인들의 바뀐 삶의 방식이 존재하고, 교회에 한 번도 와본 적 없는 수많은 **세상 친구들에게 교회는 낯설고 어쩌면 두려운 공간**이기 때문입니다.

예수님께서 돌아가실 때 성전의 휘장이 위에서 아래로 찢어졌다는 성경의 이야기를 한번 떠올려 보시길 바랍니다. 성전의 문을 하나님께서 직접 열어주셨다는 것을 깊이 묵상해 보시면 좋겠습니다.

더현대서울의 지하 1층에는 우리나라 최대 규모의 푸드코트가 있습니다. 저는 거대한 테마파크라고 부릅니다. 교회 장로님들과 함께 더현대서울 투어를 하면, 공통적으로 하시는 말씀이 있습니다.

"너무 시끄러워서 도저히 음식을 못 먹겠어요."

맞습니다. 일부러 그렇게 만든 것입니다. MZ세대가 마음껏 와서 떠

더현대서울 푸드트럭 플라자 <출처: 더현대서울 웹사이트>

들고 놀 수 있는 공간을 만들었기 때문입니다. 이제 더 이상 "백화점에 와서 물건을 사고 시간이 남으면 커피나 음식을 드세요"가 아니라, "정말 바쁜 일상이지만 주말에 친구와 함께 와서 놀고, 맛있는 음식을 먹고, 멋진 커피를 마시며 즐겁게 시간을 보내다 우연히 보게 된 마음에 드는 물건을 사 가세요"라는 방식으로 순서가 바뀐 것입니다.

더현대서울은 '현대백화점그룹'이라는 전통적인 이름과는 달리 무섭도록 빠르게 움직입니다. 저희가 있는 삼각지나 용리단길에 좋은 카페나 레스토랑이 새로 생기면, 그중 컨셉이 뛰어난 곳은 3개월도 지나지 않아 더현대서울에 입점해 있는 모습을 보고 깜짝 놀라곤 합니다. 우리가 이제 막 알게 된 브랜드를 어떻게 이렇게 빨리 찾아 입점시켰는지, 그 속도감이 정말 놀랍습니다.

더현대서울이 MZ세대의 놀이터로 완벽히 자리 잡았다는 것을 실감한 순간이 있습니다. 교회와 선교단체 리더십들과의 더현대서울 투어를 기획하고 미리 회의를 하던 어느 날이었습니다. 그때 한 선교단체 목사님이 미소를 지으며 이렇게 말씀하셨습니다.

"집에 대학생 딸이 둘 있는데, 어제 저녁 식사를 하며 내일 더현대서울에 간다고 이야기했습니다. 그랬더니 작은 딸이 깜짝 놀라면서 묻더군요. **'거긴 우리가 가는 곳인데, 아빠가 왜 거길 가?'**라고 말입니다."

그때, 저는 확실히 깨달았습니다. 더현대서울은 진짜 MZ세대의 놀이터가 되었구나, 라고 말이죠.

이름을 바꾼다는 것은 모든 것을 바꾼다는 것

지난 50년 동안, 유통 업계에서 '백화점'이라는 이름은 자부심과 선망의 대상이었습니다. 하지만 이제 판이 바뀌었습니다. 세대가 바뀌고, 시장의 경쟁 방식이 달라졌습니다. 젊은 세대들에게 백화점은 더 이상 존경의 대상도, 동경의 대상도 아닙니다. 그렇다면 어떻게 해야 할까요?

현대백화점그룹은 50년 넘게 지켜온 이름을 과감히 포기했습니다. '백화점(Department)'이라는 이름을 떼고, '더현대서울'로 과감히 이름을 바꿨습니다. 서울이라는 도시 자체를 브랜드로 차용하여, 전국의 MZ세대가 찾아오는 장소로 자리매김했습니다. 심지어 이제는 글로벌 관광객까지 끌어모으고 있습니다.

누군가는 이것을 정체성의 포기라고 생각할 수도 있겠습니다. 하지만 저는 이것을 포기가 아니라, 시대적 컨텍스트에 대한 적절한 대응이라고 봐주시기를 부탁드립니다.

교회가 가장 어려워하는 부분 중 하나가 '진리의 수호'입니다. 당연히 우리는 '예수 그리스도'와 '십자가'를 포기할 수 없습니다. 그러나 현대 사회는 엄청난 정보와 다양한 매체로 인해, 젊은 세대가 브랜드와 기관, 심지어 교회에 대해서까지 매우 입체적인 이해를 갖추게 되었습니다.

실제로 교회 리브랜딩 프로젝트를 진행할 때, 교회 간판을 만드는 과정에서 장로님들과 자주 부딪히는 부분이 있습니다. 길에서 잘 보이는 큰 간판을 원하십니다. 물론 틀린 말은 아닙니다. 하지만 최근 길거리를 보면, 간판이 크고 눈에 잘 띄는 곳들은 대부분 '프랜차이즈' 브랜드입니다. 반면 정말 유명한 고급 레스토랑이나 숨겨진 맛집은 간판이 없거나 매우 작습니다.

그렇다면 사람들은 어떻게 이곳들을 찾아갈까요? 사람들은 유명 인플루언서나 친구의 인스타그램 스토리에서 정보를 얻고, 인스타그램 DM을 통해 예약합니다. 제가 늘 간판은 작게 해도 인스타그램은 꼭 만드시라고 권유하는 이유입니다.

우리 교회가 만나고 싶은 사람들이 누구입니까? 그 사람들을 위해 우리가 오랫동안 지켜온 이름을 바꿀 수 있습니까? 분명한 사실 하나는, 우리가 이런 과감한 도전을 하면 반드시 알아주는 사람들이 있다는 것입니다.

적에게 심장을 내어줄 수 있는가? 백화점이 뽑지 않는 사람은?

유통 업계에는 지난 50여 년 동안 지켜온 철칙이 하나 있습니다. 바로 경쟁사의 브랜드는 절대 입점시키지 않는 것입니다. 예를 들자면, 롯데백화점에 신세계 계열의 스타벅스를 입점시키지 않는 식입니다. 그런데 더현대서울은 이 오래된 관례를 과감히 깼습니다. 마치 **'MZ세대를 초대할 수 있다면, 경쟁자에게도 내 심장을 내어주겠다'** 라는 결연한 자세 같습니다. 지하철과 연결된 지하 2층 영패션 존의 한가운데, 가장 노출이 많은 황금 자리에는 경쟁사 신세계의 '스타벅스 리저브'가 들어와 있습니다. 대단한 일이 아닐 수 있지만, 사실 보수적인 유통 업계에서는 상상하기 어려운 일입니다. 그만큼 과감한 결심과 용기가 필요한 결정이었습니다.

또 한 가지, 백화점 서비스 직원을 채용할 때 절대로 뽑지 않는 사람이 두 부류 있다고 합니다. 바로 머리를 염색한 사람과 문신이 있는 사람입니다. 곰곰이 생각해보면, 백화점에서 머리를 화려하게 염색하거나 문신이 있는 직원들을 본 기억이 없습니다.

그런데 더현대서울에 입점한 브랜드 중, MZ세대에게 큰 사랑을 받

스타벅스 리저브, 더현대서울 <출처: 더현대서울 웹사이트>

디스이즈네버댓 더현대서울, 크루 사진 <출처: 더현대서울 웹사이트, 브랜드 페이스북 >

고 있는 '디스이즈네버댓'이라는 브랜드가 있습니다. 이 브랜드의 가장 독특한 점은 매장에 마네킹이 없다는 것입니다. 그러면 옷을 어떻게 보여줄까요? 바로 매장 크루(직원)들이 직접 그 옷을 입고 있습니다.

이 브랜드에서 일하는 크루들 중에는 머리를 과감히 염색하거나 작게 문신을 한 친구들이 많습니다. 과연 더현대서울은 어떤 선택을 했을까요? 맞습니다. 국내 백화점 역사상 처음으로 염색과 문신을 한 사람을 정식 매니저로 채용했습니다.

재작년 세계에서는 처음으로 영국의 버진 애틀랜틱 항공은 공식적으로 문신을 한 사람을 승무원으로 채용하기 시작했습니다. 미국 교회 목사님들도 최근 몇 년간 목이나 팔에 문신을 하는 경우가 점점 늘어나고 있습니다. 처음에는 이해하기 어려웠는데, 조금씩 그 이유를 알게 되었습니다. 미국에서 새롭게 부흥하는 교회들의 목사님들은 이미 교회에 나올 만한 사람을 기다리는 대신, 교회에 오기 어려운 사람들을 찾아 나가는 길을 선택하기 시작한 것입니다.

라이프스타일 시대가 왔습니다

유통업계에서 유명한 속설이 하나 있습니다. 1인당 GDP가 1만 달러가 되면 '집'을 바꾸고, 2만 달러가 되면 '차'를 바꾸고, 3만 달러를 넘어서면 '가구'를 바꾼다는 것입니다. 이미 한국은 오래 전에 3만 달러 시대를 넘어섰고, 작년 기준으로 작은 도시 국가들을 제외하면 아시아에서 가장 부자 나라가 되었습니다. 경제력 측면에서는 이웃 나라 일본을 제친 지도 오래되었습니다.

가구는 남에게 보여주기 위해 바꾸는 것이 아닙니다. 물론 손님을 초대하기도 하지만, 무엇보다 오롯이 나를 위한 공간, 내 취향과 정체성을 표현하는 수단입니다. 부모님 세대는 잦은 이사와 빠른 성장 속도에 맞추어 임시로 행거를 사용하는 경우가 많았습니다. 그러나 지금은 상황이 달라졌습니다. 어떤 청년은 사회생활을 시작하고 첫 월급의 절반을 들여 자신만의 탁자를 구매하기도 합니다.

어느 장로님께서 하신 이야기가 생각납니다. 손주가 독립을 했다고 합니다. 8평짜리 오피스텔에 침대와 소파, 식탁을 놓고 TV장에 고양이용 캣타워까지 세우니 움직일 공간도 없어졌다며 고개를 절레절레 흔드셨습니다.

저는 충분히 이해가 됩니다. 지금의 Z세대, 그리고 이제 막 10대에 접어든 알파 세대는 그냥 선진국 아이들입니다. 아시아에서 가장 부유한 나라에 태어나서 자랐고, 누리면서 살아가는 세대입니다. 자신의 환경이 허락하는 범위 안에서 최대한 부모님 집의 생활 수준과 비슷하게 출발하려는 세대입니다.

장로님께서 중고등부 아이들에게 말씀하십니다. "안 쓰는 예배실은 불 좀 끄고 다니자, 조금만 아끼자." 고등학생 아이들은 컴컴한 것이 싫다며 예배실 불을 전부 켜는 모습이 신경 쓰이셨던 것입니다. 장로님의 교회는 1만 달러 시대의 교회입니다. 성장을 위해서, 미래를 위해 아껴야 했던 시대의 교회입니다. 에너지 절약이 중요했고, 약간 덥거나 추워도 아끼면서 예배를 드리는 것이 당연한 교회입니다.

지금 청년과 중고등학생들의 교회는 3만 달러 시대의 교회입니다. 환하고 쾌적한 환경에서 즐겁게 예배드리고 싶어 합니다. 넘쳐나는 물자들과 다양하게 선택 가능한 음식들이 너무나 자연스러운 세대입니다. 물론 모든 선택에는 이유가 있습니다. 장로님이 예배당 불을 끄시는 것도 중요하고, 고등부 아이들이 환한 불을 켜고 워십 댄스를 연습하는 것도 중요합니다.

여기서 가장 중요한 질문은 우리가 누구를 초대하고 싶은가 하는 것입니다. 지금 우리 교회는 선진국 대한민국의 MZ세대가 멋지게 생각하는 공간인가요?

서울일러스트페어, 언리미티드 에디션, 인벤타리오를 아시나요?

이 세 가지 이벤트를 모두 아신다면, 아마 최신 트렌드를 정말 빠르게 따라가시는 분이실 것입니다. 특히 인벤타리오는 2025년에 처음 개최된 행사라 더욱 그렇습니다. 이 세 이벤트 모두 입장을 위해 1~2시간씩 긴 줄을 서서 기다려야 할 만큼 주목받는 행사들입니다.

서울 일러스트레이션 페어 <출처: X 공식계정>

언리미티드 에디션 <출처: X 공식계정>

인벤타리오 <출처: 웹사이트>

서울일러스트레이션페어 – 국내 최대 규모의 일러스트 전문 아트페어로, 2015년부터 매년 서울 코엑스 등에서 열리고 있습니다. 작년에는 800여 개의 부스와 6만 명 이상의 관람객이 모이며 아시아 대표 일러스트 축제로 자리 잡았습니다.

언리미티드 에디션 – 독립출판 중심의 서적 아트페어로, 북서울 미술관 등에서 열립니다. 120여 개의 소규모 출판사와 독립 서점, 개인 작가들이 참여하여 새로운 독립출판 문화를 이끌고 있습니다. 재미있는 점은 독자들이 인스타그램 등을 통해 소통하다가 실제 행사장에서 직접 만나 관계를 맺는 문화가 자리 잡고 있다는 것입니다.

인벤타리오(2025 문구 페어) – 취향 셀렉트숍 29CM와 아틀리에 크리튜가 공동 주최한 프리미엄 문구 전시회로, 코엑스에서 처음 개최되어 엄청난 인기를 끌었습니다. 첫 행사임에도 얼리버드 티켓이 조기 완판되었고, 한정판 상품도 1시간 만에 매진될 정도로 뜨거운 반응을 얻었습니다.

기회가 되면 교회 리더십들이 꼭 방문해 보시기를 권하는 행사들입니다. 우선 MZ세대가 가득합니다. 선명하게 MZ세대를 대상으로 하는 행사이기 때문입니다. 그리고, 이곳은 스스로가 제작자이자, 판매자이기도 한 사람들이 함께 커뮤니케이션하는 공간입니다.

나의 취향이 드러나는 작은 제품들에 큰 돈을 씁니다. 내가 쓰는 제품들이 나를 드러냅니다. 소소한 제품 하나라도 의미 없이 가방에 달지 않습니다. 교회가 제안하는 삶의 형태는 나의 어떤 부분을 드러낼 수 있나요?

식빵을 먹으러 일본으로 갑니다: 센트레 더 베이커리

우리는 무엇인가에 얼마나 진심인가요? 요즘 사람들은 또 어떤 것에 진심일까요? 일본 도쿄 긴자 잇초메역에서 걸어서 2분 거리에 '센트레 더 베이커리 Centre the Bakery'라는 베이커리가 있습니다. 주력 상품은 식빵입니다. 놀랍게도 이 식빵을 먹기 위해 아침 9시부터 일본 사람들이 길게 줄을 서고, 심지어 한국에서도 일부러 먹으러 간다면 믿으시겠어요? 식빵을 먹으러 일본까지 간다는 MZ세대라니요. 사실 저도 도쿄에 가면 꼭 가보고 싶은 장소로 이미 찜해 놓았습니다.

10시에 문을 열지만 9시부터 이미 사람들이 긴 줄을 섭니다. 가게에 들어가면 대표 메뉴인 '식빵 샘플러 세트'를 먹을 수 있습니다. 이 세트의 가격이 무려 18,000원입니다. 몇 조각의 식빵이 그렇게나 비싼 겁니다. 하지만 이 가게의 스토리는 정말 재밌습니다.

원래 센트레 더 베이커리는 "일본에는 왜 맛있는 식빵이 없을까?"라는 단순한 질문에서 시작된 프로젝트였습니다. 연구를 하다 보니

센트레 더 베이커리 긴자 <출처: https://hocoto.jp>

일본 밀가루, 미국 밀가루, 영국 밀가루가 각각 완전히 다른 맛을 낸다는 사실을 알게 되었죠. 그래서 아예 나라별 밀가루를 사용해 각 나라 스타일로 식빵을 만들었습니다. 식빵에 진심이 된 것이죠. 일본식 식빵은 쫀득해서 그냥 먹는 게 좋고, 미국식은 토스트로, 영국식은 바싹 구워 먹으면 좋다고 하네요.

이 세트를 주문하면, 프랑스와 일본 두 지역에서 온 버터 세 종류, 그리고 딸기, 오렌지, 블랙베리 잼을 포함한 여섯 가지 잼, 그리고 초콜릿, 피넛버터, 꿀까지 함께 나옵니다. 이 식빵 샘플러 세트의 압권은 따로 있습니다. 바로 직원이 식빵을 구워주는 게 아니라, 손님이 직접 전 세계에서 모아놓은 20가지가 넘는 토스터 중 하나를 골라 나만의 토스트를 만들어 먹는다는 겁니다. **일상 물건은 저렴하게 사더라도 특별한 경험에는 기꺼이 돈을 씁니다.**

한국은 어떨까요? 2023년 마켓컬리에서 6가지 유명 베이커리 식빵을 골라 담은 '식빵 샘플러'를 출시했는데, 나오자마자 완판이 됐습니다. 이후 다시 추가로 출시되기도 했습니다. 같은 해 5월엔 유명한 로스터리 카페 원두를 한꺼번에 즐길 수 있는 '커피 샘플러'도

마켓컬리 식빵 샘플러 <출처: 마켓컬리>

5무 교회가 온다

출시했습니다. 나무사이로, 인텔리젠시아, 프릳츠, 모모스커피, 블루보틀 등 유명 카페들의 시그니처 원두가 한 상자에 담겼습니다. 당연히 이것도 큰 인기를 끌었습니다.

한 번은 '5무 교회가 온다'라는 강의를 마친 뒤, 한 선생님께서 말씀해주셨습니다. 여름 수련회를 마치고 교회에서 학생들에게 점심 대신 '쉑쉑버거'를 나눠줬던 일이 있었는데, 그때 마음이 좀 복잡했다고 하셨습니다. 집에서도 가격 때문에 조심스럽게 사 먹는 비싼 햄버거를 교회에서 아이들에게 준 것이 옳은 선택이었을까, 고민이셨다고 합니다. 그런데 강의를 듣고 보니, 그때 그 선택이 옳았음을 이해하게 되셨다고 하셨습니다.

전도사님들의 향수가 점점 진해지는 이유는?

2023년 9월, 보그 코리아에 특별한 기사가 하나 실렸습니다. 바로 '서울 향의 지도'라는 기사인데요. 저에게는 개인적으로 큰 의미가 있습니다. 저희 '파르퓸삼각' 매장이 서울을 대표하는 향기 공간 중

서울, 향의 지도 <출처: 보그 코리아>

 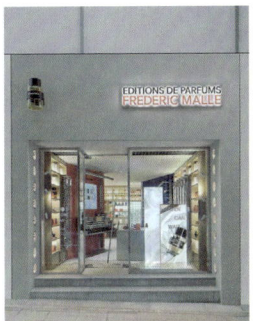

에디션 드 프레데릭 말 서울 플래그십 스토어 <출처: 웹사이트>

하나로 함께 소개되었기 때문입니다. 세계적인 향수 브랜드와 어깨를 나란히 했다는 것이 저희에겐 참 감격스러운 일이었습니다.

이 기사의 메인 이슈는 세계적인 향수 브랜드 '에디션 드 프레데릭 말'이 한남동에 아시아 최초 플래그십 스토어를 오픈한 것입니다. 프레데릭 말의 향수의 '시그니처'는 100ml 한 병에 무려 200만 원에 가까운 고급 향수입니다. 이 향수는 일반 백화점에서 시향할 수도 없습니다. 프랑스 파리와 미국 뉴욕에만 있던 이 플래그십 스토어가 일본을 제치고 아시아 최초로 서울에 생긴 겁니다. 한국의 위상이 얼마나 높아졌는지 보여주는 일이었습니다.

어느 순간부터 교회에서 젊은 전도사님들이 뿌리는 향수가 점점 진해지는 걸 느꼈습니다. 예전엔 교회에서는 향수를 진하게 뿌리는 걸 예배에 방해된다고 생각해 자제시키기도 했습니다. 그런데 최근엔 20대 전도사님들을 중심으로 향수의 향이 점점 짙어지고 있습니다. 심지어 남성 전도사님들도 대부분 향수를 씁니다.

한국은 이미 아시아에서 가장 잘사는 나라가 되었다고 여러 번 말씀 드렸죠. 선진국이 되면 자기 자신을 표현하는 것, 보이지 않는 가치

5무 교회가 온다

가 중요해집니다. 향은 눈에 보이지 않습니다. 하지만 향기가 있는 공간은 들어가는 순간 느낌이 다릅니다. 그 공간이 더 풍부하고 생기 있게 느껴지니까요. 향수는 그래서 자기를 표현하는 최종 단계라고 생각합니다.

한국의 MZ세대가 향수를 적극적으로 쓰고, 방 안에 디퓨저 같은 향기 제품을 두는 이유도 여기에 있습니다. 최근엔 한국에서 글로벌 향수가 먼저 출시될 정도로 향수 시장에서의 위상이 높아졌습니다. 중학생들도 올리브영에서 향수를 사고, 초등학생들도 다이소에서 섬유향수를 사서 쓰는 시대가 됐습니다.

2024년 한국의 니치 향수 시장 규모는 연 매출 1조 500억 원을 넘어서며 전 세계에서 10대 시장 안에 들어왔습니다. 크리드나 킬리안 같은 유명 향수 브랜드 대표들이 직접 한국에 방문하기도 했죠. 특히 한 병에 30만 원에 달하는 바이레도, 르라보, 톰포드 같은 고가의 '니치 향수'를 소비하는 주 소비층이 바로 20~30대입니다.

이제 향수는 마지막에 입는 '제3의 옷'입니다. 우리가 옷을 입지 않고 밖에 나갈 수 없듯, 이제는 향기 없이는 밖에 나가지 않는 시대가 된 것입니다.

Q4 더현대서울 투어를 해보세요.
장로님들과 청년들이 함께 보시고, 소감을 나눠요.

5무 교회가 온다

리추얼

예배와 교제 <출처: 원바디 커뮤니티>

05
Ritual

MZ세대가 종교에 관심이 없다구요?

전 세계 청년들에게서 공통적으로 드러나는 현상이 있습니다. 바로 '종교에 대한 관심 부족'입니다. 책 앞부분에서도 데이터를 통해 말씀드린 적이 있는데요. 한국 역시 서구와 완전히 동일한 패턴을 보이고 있습니다. 교회를 비롯해 천주교, 불교 등 전통적인 대형 종교 모두에서 젊은 세대의 참여가 급격하게 줄어들고 있죠. 그래서 많은 종교 단체들이 이 상황을 아주 심각하게 바라보고 있습니다.

그런데 정말로 MZ세대가 영적인 것 자체에 관심이 없는 걸까요? 저는 오히려 제도화된 종교의 형태에 관심을 잃어버린 것이 아닐까 생각합니다. 왜냐하면 요즘 소위 핫플에는 빠짐없이 등장하는 매장들이 있습니다. 바로 '사주와 타로' 가게입니다.

한번 생각해 보세요. 언제부터인가 핫플레이스라는 강남역과 홍대, 전국 어느 젊은 거리에서든 핸드폰 매장이 사라진 자리를 대신 차지하는 건 거의 대부분 '타로, 사주' 가게입니다. 어떤 분은 이것을 두

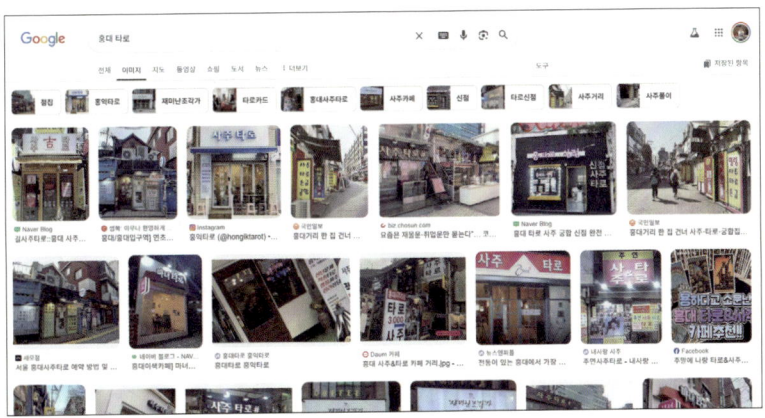

홍대 타로 가게들 <출처: 구글 검색 화면>

5무 교회가 온다

고 "영적인 전쟁이 심화되고 있다"고 해석하시기도 합니다. 물론 그것도 맞는 말이겠지만, 저는 조금 다른 생각을 해 봅니다. 사실, 우리가 언제 영적이지 않은 시대를 산 적이 있었을까요? 우리 마음속 깊은 곳에는 영적 갈급함이 늘 존재합니다. 그런데 지금 세대는 이 갈급함을 전통적 종교 형태가 아니라 다른 곳에서 채우고 싶어 하는 것 아닐까요?

요즘 젊은이들이 좋아하는 진짜 핫플에는 두 가지 매장이 반드시 있어야 합니다. 하나는 '네컷 사진' 가게고, 다른 하나가 바로 '사주와 타로'입니다. 전혀 연관이 없어 보이는 이 두 업종의 공통점이 무엇일까요? 바로 '언제든지 그만두고 나갈 수 있는 가게'라는 점입니다. 핫플레이스에는 반드시 오래 기다려야 하는 유명한 식당과 카페들이 있기 때문입니다. 인기 있는 식당은 짧게는 30분에서 길게는 2시간까지도 기다려야 들어갈 수 있죠. 이럴 때, 줄서기 앱인 '캐치테이블' 같은 걸로 예약을 걸어둡니다. 그리고 그 기다림의 시간을 채우기 위해 네컷 사진도 찍고 타로 점도 보는 것이죠. 그러다가 우리 차례가 됐다는 알람이 울리면 언제든지 바로 뛰어나갑니다.

사주와 타로에 묻다

2024년 10월, 경향신문에는 다음과 같은 기사가 실렸습니다.

"MZ세대는 사주·타로에 묻는다…'나는 누구인가요?'"

요즘 MZ세대에게 타로는 마치 MBTI와 같습니다. 수많은 선택지 앞에서 나와 닮은 사람, 비슷한 취향을 가진 사람을 쉽게 찾아주는 좋은 네비게이션이 되어줍니다. 타로는 처음 만난 사람과 쉽게 공감대를 만들어내는 아이스브레이킹 역할도 합니다.

쿠팡에는 수백만 개의 물건이 있습니다. 인스타그램과 유튜브 쇼츠는 끝이 없고, 넷플릭스는 한 달 내내 봐도 다 못 볼 것 같은 영화와 드라마가 넘쳐납니다. SNS와 게임, 다양한 온라인 동호회 등을 통해 수많은 사람을 만날 수 있습니다. 이렇게 수많은 선택지 앞에서 무엇인가를 결정해야 할 때, 우리는 어떤 선택을 해야 할까요?

어릴 때는 학원을 열심히 다니고, 부모님 말씀을 잘 듣고, 좋은 대학교에 가는 목표가 있었습니다. 하지만 이제는 아무도 답을 알려주지 않습니다. 선택의 폭은 갈수록 넓어지고, 무언가를 하나 선택하면 다른 더 좋은 선택지를 놓치는 것 같은 불안함이 생깁니다. SNS 속 사람들은 모두 성공한 삶을 살고 있는 것 같은데, 내 일상은 그렇게 화려하지 않습니다.

기사에 등장하는 준일 씨는 MZ세대가 사주와 타로에 몰두하는 배경을 '공교육의 문제'로 바라봅니다. 그는 이렇게 말합니다.

"10대 시절, 학교에서 '나 자신'에 대해 깊게 생각할 기회를 단 한 번도 얻지 못했습니다. 정체성이라는 건 결국 스스로 고민하면서, 나와 남의 차이를 인지하며 만들어가는 것인데 말이죠. 그런데 사회에 나와 보니, 자신이 누구인지 더더욱 알기 어려웠어요. 그래서 2030이 MBTI에 열광하는 것도 비슷한 맥락이 아닐까요?"

'텀블벅'이라는 크라우드 펀딩 사이트가 있습니다. 향수나 소설, 문구류 등 MZ세대가 사랑하는 다양한 라이프스타일 콘텐츠와 굿즈들을 미리 예약해서 구매할 수 있는 플랫폼입니다. 여기서 '타로'를 검색해 보면, 2025년 4월 현재 거의 400개에 달하는 타로와 사주 관련 상품들이 올라와 있습니다. 불과 2023년만 해도 170개 정도였던 것을 생각하면 엄청난 증가입니다.

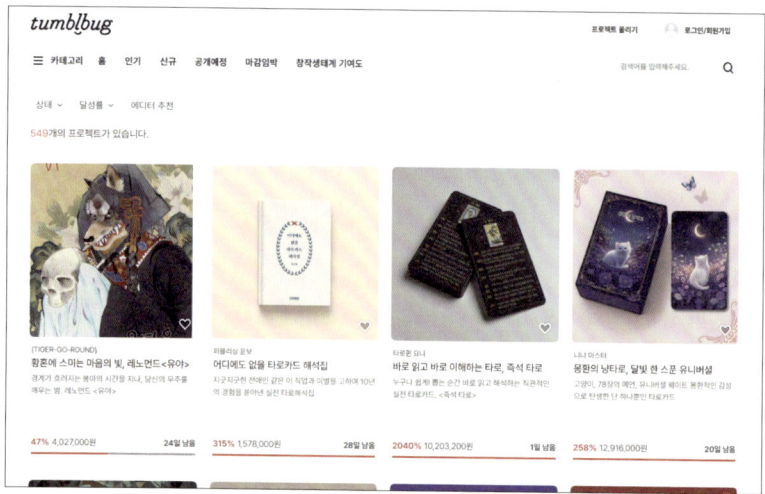

타로 관련 프로젝트들 <출처: 텀블벅>

이제 사람들은 타로샵에서 점을 봐주는 것을 넘어 스스로 타로점을 치고 싶어 합니다.

사주와 명리학에 대한 관심도 매우 높습니다. 2019년부터 브런치에 연재를 시작한 '안녕, 사주명리'는 누적 방문객 수가 4천만 명에 이를 정도로 큰 인기를 끌고 있습니다.

2024년 들어서는 사주명리에 대한 관심이 더 커졌습니다. 태어난 날을 기준으로 하는 사주의 '일주(日柱)'만 해도 60가지로 나뉩니다. 사주명리 상담사 자격증 시험도 생기고, 이를 위한 클래스들도 열립니다. 체계적으로 준비한 교안을 가지고 매주 정해진 시간에 줌으로 강의를 진행하기도 합니다. 클래스의 모토는 '사주명리의 모든 것을 밝고 산뜻하게'입니다.(2025 트렌드 노트)

이제 사주와 타로에서 한 단계 더 나아가, 아예 무속 신앙을 소재로 한 리얼리티 프로그램까지 등장했습니다. 2024년 6월 JTBC에서 방영된 [신들린 연애]가 바로 그것입니다. 예전 우리나라에서 무속인은 사회적으로 약자에 속했고, 직업으로서 제대로 된 대우를 받기 어려웠습니다. 하지만 지금은 상황이 조금 달라졌습니다. 인스타그램과 유튜브를 통해 유명해진 젊은 무속인들이 많아졌고, 이 프로그램에 등장하는 무속인은 스타급의 팬층을 확보하고 있습니다.

인센스와 아스티에 드 빌라트, 태그미 키링

가끔 교회에서 만나는 성도님들 중에는 MZ세대가 자주 가는 카페에 들렀다가 불편한 마음으로 돌아오셨다고 하시는 분들이 계십니다. 이유를 들어보면 대부분 '인센스'(향을 피우는 향 스틱) 때문입니다. 그동안 카페는 커피향 외에 다른 향은 잘 사용하지 않았습니다. 그런데 요즘 젊은 세대가 많이 찾는 힙한 카페들은 독특한 분위기를 내기 위해 인센스를 피우기도 합니다. 원래 동남아 지역에서 자주 사용하는데, 한국 교회 기성세대에게는 절이나 사찰의 이미지와 연결되어 거부감을 느끼는 경우가 많은 것 같습니다.

하지만 MZ세대에게 인센스는 더 이상 불교나 무속 신앙과 연결되지 않습니다. 서양에서도 원래는 명상이나 요가와 관련된 향이었으나 지금은 대중화되어 하나의 라이프스타일 아이템이 되었습니다. 젊은 세대에게는 디퓨저나 룸스프레이처럼 공간의 분위기나 무드를 만드는 소품이 된 것입니다.

절에서 사용하는 향처럼 느껴져 사용이 부담되신다면, 저는 한남동에 있는 프랑스 브랜드 '아스티에 드 빌라트 Astier de Villatte'를 방문해 보시기를 추천드립니다. 아스티에 드 빌라트는 직접 손으로 만든 최고급 도자기 등을 제작 판매하는 프랑스 라이프스타일 브랜드로, 아시아에서는 서울에만 유일한 매장이 있습니다. 작은 컵 하

아스티에 드 빌라트 한남 <출처: 웹사이트>

나가 몇십만 원에 이르는 고가의 브랜드지만, 특유의 백색 도자기와 현대적인 감각 때문에 프랑스 여행에서 꼭 구매하고 싶은 브랜드로 손꼽힙니다.

아스티에 드 빌라트의 인센스는 프랑스 브랜드지만 실제 생산은 100% 일본의 치바현에서 이루어집니다. 프랑스의 감각적이고 현대적인 조향과 일본의 정교한 제작 방식이 만나 절에서 맡는 향과는 전혀 다른 인상과 세련된 무드를 만들어 냅니다. 이곳의 옥상에 있는 작은 카페에서 직접 커피를 마셔보시길 권합니다. 커피 한 잔을 마시는 동안 우리나라와 중국이나 일본에서 여행 온 젊은 여행자들을 어렵지 않게 만날 수 있습니다.

이제 한국에서 인센스는 더 이상 종교적 의미가 아닙니다. 이미 모던 하우스나 여러 라이프스타일 브랜드에서 다양한 인센스를 판매

하고 있습니다. 사과나 딸기 같은 과일 향을 접목해 향을 가볍게 만드는 시도도 많이 이루어지고 있지요. 2023년 모던 하우스 매장 중앙에서 인도의 '나그참파 인센스'를 볼 때, 저는 인센스가 이제 우리나라에서 더 이상 종교적 의미를 가지지 않게 되었다는 것을 느꼈습니다.

이와 함께 MZ세대가 중요한 가치로 생각하는 또 다른 하나가 바로 기후 위기입니다. 이상 기온, 태풍과 산불, 그리고 높아가는 지구 온도. 젊은 세대에게 이 기후 문제는 단순한 관심을 넘어 삶의 중요한 문제입니다. 그래서 이들이 사랑하는 브랜드는 거의 대부분 친환경이나 지속가능성을 우선으로 내세우고 있습니다. 프라이탁이나 파타고니아 같은 브랜드가 대표적인 사례입니다.

최근 환경 문제를 고민하며 탄생한 브랜드 중에 '노 플라스틱 선데이(No Plastic Sunday)'가 있습니다. 이 브랜드에서는 폐플라스틱을 녹여 만든 네잎클로버 모양의 키링 '태그미 키링'이 큰 인기를 얻고 있습니다. 이 키링은 NFC 기능이 있어 스마트폰에 대면 매일 행

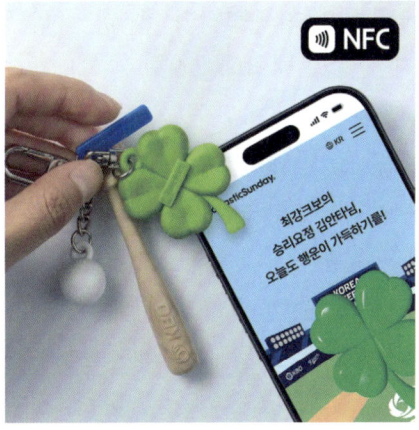

노 플라스틱 선데이, 태그미 키링 <출처: 웹사이트>

밑미 <출처: 웹사이트>

운의 메시지를 띄워줍니다. 갈 길을 잃고 막막함을 느끼는 젊은 세대에게 환경 문제와 희망, 그리고 작은 위로를 전하는 부담 없이 친근한 친구가 되어줍니다.

리추얼과 명상, 자기돌봄(Self-care)

저는 하나님께서 모든 사람의 마음속에 '하나님을 찾는 마음'을 심어 놓으셨다고 믿습니다. 물질적으로는 인류 역사상 가장 풍성한 시대를 살고 있지만, 마음 한구석에는 질문과 두려움, 그리고 영적인 갈급함이 가득합니다. 하지만 신앙생활을 해보지 않은 젊은 세대에게 교회나 성당에서 드리는 예배라는 형식은 매우 부담스럽습니다.

최근 들어 널리 사용되는 개념 중에 **'리추얼(Ritual)'** 이라는 것이 있습니다. 리추얼은 원래 종교적인 의식이나 의례를 뜻하는 말입니다. 결혼식이나 장례식, 제사처럼 정해진 형식을 따르는 의식을 의미했죠. 현대 사회에서 리추얼은 좀 더 넓은 의미를 갖게 되었습니다. 반복적인 일상의 작은 행동이나 습관을 의미 있게 만드는 것을 리추얼이라고 표현하기 시작한 것입니다. 하루의 시작을 커피로 열거나, 잠들기 전 책을 읽는 작은 습관조차 리추얼이라고 부릅니다.

젊은 세대에게 '예배'는 낯설고 부담스럽지만, '리추얼'은 매우 익숙하고 친근한 개념입니다. 사실 우리가 드리는 예배 역시 하나의 리추얼이기도 합니다.

요즘 교회는 부담스럽지만 자기 내면과 삶을 변화시키는 리추얼에 참여하고 싶은 사람들은 회비를 내고 '밑미(Meet Me)'같은 온라인 커뮤니티에 가입합니다. 밑미는 외국계 회사에서 오랫동안 격무에 시달리다 번아웃을 경험한 여성 CEO가 자신의 경험을 바탕으로 만든 자기돌봄 커뮤니티입니다. 요가와 명상, 독서 등 다양한 리추얼을 통해 내면의 변화를 추구하는 사람들의 모임입니다.

밑미는 자신들의 비전을 이렇게 소개합니다.

"우리는 모두 고유한 '나'로 태어나지만, 살다 보면 '나'가 아닌 '타인'의 기준에 맞춰 살아갑니다. 그래서 진정한 나를 잊고 앞만 보고 살아가게 되죠. 밑미는 모든 사람이 '진짜 나(True Self)'를 찾을 때, 진정 원하는 삶을 살아갈 수 있다고 믿습니다."

저는 이와 같은 리추얼 커뮤니티가 **MZ세대에게는 하나의 교회**라고 생각합니다. 헌금 대신 소정의 회비를 내고, 몇 개월 동안 명상과 요가를 통해 자신을 돌보고, 삶을 바꾸는 경험을 할 수 있습니다.

특히 자기돌봄(Self-care)은 단순한 유행이 아니라, 현대인의 정신적·신체적 건강을 유지하는 중요한 흐름입니다. 팬데믹과 기후 위기, 경제적 불안 등으로 인해 통제감을 잃어버린 사람들이 일상 속에서 작은 리추얼을 통해 안정을 되찾으려는 현상이 전 세계적으로 나타나고 있습니다.

서울국제불교박람회 <출처: 웹사이트>

신체적 자기돌봄 – 요가, 스트레칭, 건강식, 수면 루틴, 목욕
정신적 자기돌봄 – 명상, 저널쓰기, 감정 체크, 상담 치료
감각적 자기돌봄 – 향수, 아로마테라피, 음악 듣기, 자연 속 산책
사회적 자기돌봄 – 친구와의 대화, 경계 설정, 소셜디톡스
의식적 리추얼화 – 아침 루틴, 밤 루틴, '나만의 시간' 확보하기

마음챙김과 자기돌봄 열풍, 그리고 불교의 새로운 움직임

최근 젊은 세대, 특히 MZ세대 사이에서 자기돌봄과 마음챙김(Mindfulness)에 대한 관심이 매우 높아지고 있습니다. 마음챙김은 원래 불교적 명상에서 유래된 것으로, '지금 이 순간에 집중하며, 있는 그대로의 상태를 알아차리는 연습'을 뜻합니다. 이런 기법은 현대 사회에서 스트레스 관리, 심리적 안정과 관련된 여러 프로그램으로 발전하여 널리 확산되고 있습니다. 현대 심리치료 기법들도 불교 명상에서 출발하여 오늘날 서구와 한국의 젊은 세대 사이에서 큰 관심을 얻고 있습니다.

불교에서 강조하는 '정성', 즉 정기적으로 반복하는 수행을 통해 마음을 다스리는 리추얼적 요소가 현대인의 자기돌봄 문화와 결합되어 자연스럽게 젊은 층에게 받아들여지고 있습니다. 최근 들어 한국의 MZ세대가 불교 관련 활동에 관심을 보이는 배경이 바로 여기에 있습니다. 특히 서울국제불교박람회가 주목을 받고 있습니다.

2024년 4월 열린 서울국제불교박람회는 예년에 비해 관람객이 크게 늘었습니다. 특히 관람객의 80%가 2030세대였다는 점에서, 불교계뿐 아니라 여러 분야에서 주목을 받았습니다. 불교 박람회는 불교 자체의 전통적인 모습보다는, 젊은 세대가 관심을 갖는 자기돌봄, 라이프스타일 관련 다양한 콘텐츠를 전시하고 있었습니다. 한 예로, 마음챙김 명상, 힐링 체험, 불교 미술과 문화 체험 등이 젊은 세대에게 관심을 끌었습니다.

이러한 흐름의 배경에는 기존의 전통 종교가 제공하지 못한 영역을 불교가 발빠르게 접근했다는 평가가 있습니다. 특히 젊은 세대가 호응하는 라이프스타일과 결합하여 '세련된 이미지'를 구축하는 전략이 성공적으로 작용한 것입니다. 전통적인 불교 행사조차도 현대적 감각을 반영하여 새벽부터 젊은 세대의 긴 대기 행렬이 이어졌다고 합니다.

이런 현상을 바라보는 기독교의 관점에서는 여러 가지 고민할 점이 있습니다. 한국 교회가 그동안 다음 세대의 관심과 요구에 제대로 대응하지 못하고, 지나치게 전통적인 형식과 접근법만을 고집한 것은 아닌지 반성할 필요가 있습니다. 불교의 이 같은 움직임을 보면서 우리 기독교 공동체도 다음 세대를 어떻게 효과적으로 만나고 그들의 필요를 채워줄 수 있을지 깊이 고민해 봐야 할 것입니다.

불교의 성장이 꼭 위협이 되는 것은 아닙니다. 오히려 기독교가 현대인의 내면적 필요에 어떻게 반응할 수 있을지 고민해 봐야 할 것 같습니다. 우리는 더욱 적극적으로 다음 세대의 영적인 필요와 갈망을 성경적이고 기독교적인 방식으로 채워줄 방안을 찾아야 합니다. 우리에게 주어진 과제는 분명합니다. 지금 젊은 세대가 '자기돌봄'이나 '마음챙김'에서 찾으려는 내면적 위로와 치유가 본질적으로 하나님이 우리 안에 심어 주신 영적 갈급함이라는 사실입니다.

스스로 몸을 소중히 합니다: 드라이 제뉴어리, 오운완, 저속노화

Z세대는 가족이나 사회적인 가치관에서도 서구와 매우 비슷한 특성을 보입니다. 서구권 드라마에서 자주 등장하는 것 중 하나가 '요양원'입니다. 부모를 더 이상 자녀가 모시지 않는 문화가 이미 서구에서는 일반적이죠. 이제 한국에서도 이와 같은 현상이 당연한 것으로 받아들여지고 있습니다. 부모님을 모시지 않는 것처럼, 나 역시 자녀의 돌봄 없이 혼자 나이 들게 될 가능성이 큽니다. 내가 스스로 내 몸을 관리하고 책임져야 하는 시대입니다.

영국에서 시작되어 전 세계로 퍼진 '드라이 제뉴어리(Dry January)' 프로그램을 아시나요? 새해를 맞아 1월 한 달간 술을 끊는 금주 캠페인입니다. 최근 미국과 영국에서는 매년 수백만 명의

드라이 제뉴어리 <출처: 웹사이트>

사람들이 참여할 정도로 큰 관심을 받고 있습니다. 밀레니얼 세대가 성인이 되면서 술 소비가 줄기 시작했고, Z세대가 성인이 되면서 그 소비는 더 빠르게 줄어들고 있습니다. 한국에서도 비슷한 현상이 나타납니다. 고등학생들의 음주율과 흡연율이 20년 전과 비교하면 절반 이하로 떨어졌습니다. 건강에 대한 관심과 자기 관리의 중요성이 커진 세대가 된 것이죠.

최근 MZ세대 인스타그램에서 자주 보이는 '오운완(오늘 운동 완료)'이라는 표현이 있습니다. 예전에는 명품 백이나 멋진 휴양지를 인스타그램에 자랑했지만, 이제는 매일 운동하는 자신의 모습을 자랑하는 것이 멋있는 시대가 되었습니다. 그만큼 Z세대가 자기 관리에 진심이라는 이야기입니다.

이러한 자기 관리 트렌드는 '저속노화'라는 키워드로도 연결됩니다. 현대 사회는 빠르게 늙고 병들기 쉬운 환경입니다. 자극적이고 빠른 쾌락이 넘치는 현대 사회에서 천천히 건강하게 나이 드는 방법을 고민하는 것이 저속노화의 핵심입니다. 최근 Z세대 사이에서는 노화를 단지 막으려는 '안티에이징'보다는 현재의 좋은 상태를 오래 유지하며 천천히 나이 들어가는 '슬로우 에이징'이 중요한 개념이 되었습니다.

이와 관련하여 최근 유튜브에서는 Z세대 사이에 '연속혈당측정기' 콘텐츠가 큰 인기를 끌고 있습니다. 특정 음식을 먹었을 때 실제로 내 몸의 혈당이 어떻게 변화하는지 직접 실시간으로 확인할 수 있는 방식입니다. 이들은 혈당 관리에 좋다는 다양한 식사법을 직접 실험하고, 결과를 공유하면서 효과적인 혈당 관리법을 찾아 나섭니다. 자신의 몸을 실험실처럼 사용해 철저하게 관리하는 것이 바로 이 시대 젊은 세대의 새로운 자기돌봄 방식이 된 것입니다.

2025년 나이키 '애프터 다크 투어 10K' 여의도 레이스 <출처: 하퍼스 바자>

러닝이 예배입니다, 크루가 된 동네 친구들

많은 현대인에게 달리기는 전형적인 리추얼입니다. 정기적으로 운동화를 신고, 집을 나서서 매일 비슷한 시간과 코스를 달리는 이 시간은 일상에서 잠시 떨어져 스스로를 마주하는 순간입니다. 새벽예배나 저녁 묵상처럼, 일상의 번잡함에서 분리되어 오롯이 나와 하나님, 나의 내면을 만나고 대화하는 순간과도 같습니다.

달리기가 리추얼로 주목받는 이유는 몸과 마음, 영혼이 하나가 되는 온전한 순간을 제공하기 때문입니다. 사람들은 달리는 동안 복잡한 생각을 비우고, 내면의 목소리에 귀를 기울이며, 자신과 깊이 대화합니다. 그런 면에서 달리기는 현대인들에게 영적 치유와 회복의 시간이 되기도 합니다.

요즘 주변에서 혼자 사는 친구들을 많이 만나게 됩니다. 한국의 1인 가구는 2024년 3월 기준으로 무려 1,000만을 넘어섰고, 서울과 경기 지역에만 425만 명이나 됩니다. 혼자 살기 시작한 청년들은 대부분 기존에 자신이 자랐던 동네나 익숙한 환경을 떠나 새로운 곳에 정착합니다. 그런데 막상 새로운 곳에서의 삶은 '무관계' 상태에서 시작됩니다. 가족과 친구가 멀어지고, 익숙했던 교회나 학교 공동체도 사라집니다. 낯선 환경에서 혼자 살아남아야 하는 이들은 어떻게 관계를 맺고 살아갈까요?

그 질문에 대한 흥미로운 답 중 하나가 바로 '러닝크루'입니다. 러닝크루는 말 그대로 함께 달리는 모임이지만, 최근 들어 지역을 중심으로 형성되고 있다는 점이 매우 중요합니다. 인스타그램에서 '러닝크루'라는 키워드를 분석해보면, '반포러닝크루', '안양러닝크루', '동탄러닝크루' 등 주로 동네 이름을 기반으로 형성됩니다.

직장, 나이, 성별로 나뉘지 않고, 같은 지역에서 함께 달리는 것만으로도 연결되는 모임입니다.

과거 한국 사회에서는 이웃 간의 관계가 '안전과 돌봄'을 기반으로 했습니다. 집안의 음식을 나누고, 아이들을 함께 돌보고, 서로 어려울 때 도와주던 모습이었습니다. 당시엔 4인 가족 중심이었고, 서로가 서로에게 가족에 준하는 역할을 했습니다.

지금 1인 가구 청년들이 이웃에게 기대하는 것은 안전이나 돌봄보다는 '성장'입니다. 새롭게 독립해 살아가는 청년들에게 필요한 것은 낯선 환경에서 자신을 지지해주는 관계, 곧 사회적 생존을 위한 '성장의 기회'인 것이죠. 러닝크루는 바로 이런 작은 단위의 성장 기회를 나누는 관계입니다.

러닝크루가 활성화된 배경에는 '당근마켓' 같은 지역 기반 플랫폼의 신뢰가 있습니다. 러닝크루는 당근마켓 커뮤니티를 통해 활발히 모집되고 있는데, 이는 디지털 환경에 친숙한 청년 세대가 더 쉽게 크루에 접근할 수 있게 합니다. 물론 반대로 디지털 사용이 익숙하지 않다면 진입장벽이 될 수도 있지만, 러닝크루는 그런 의미에서 특정한 세대와 문화를 공유하는 청년들만의 공간이기도 합니다.

2023년 8월에 방영된 『나 혼자 산다』에서 기안84는 러닝크루에 참여해 마라톤 준비를 합니다. 그는 러닝크루를 '이상적인, 건전한 폭주족'이라 표현하며, 운동 후 별도의 회식 없이 "수고하셨습니다, 자주 올게요"라며 깔끔하게 떠납니다. 크루를 통한 관계 맺음은 자유롭고 유연합니다. 기존의 조기축구회가 운동 뒤 이어지는 강제적 회식과 술자리를 동반했다면, 러닝크루는 운동과 개인의 삶을 분리하는, 완전히 새로운 관계 문화를 만들어 갑니다.

[#나혼자산다] 잠시만요 건전 러닝 폭주족 <출처: MBC 유튜브>

러닝크루가 가진 또 다른 특징은 언제든 '소멸 가능성'을 내포한다는 것입니다. 직장이나 동호회처럼 오래 지속되는 관계가 아니라, 관심사가 바뀌거나 새로운 지역으로 이주하면 자연스럽게 떠날 수 있습니다. 이것은 배신이 아니라 오히려 성장의 자연스러운 단계로 이해됩니다. 예를 들어, 동네에서 가볍게 달리기를 시작한 청년은 춘천마라톤에 참여하고, 나아가 더 큰 꿈인 보스턴마라톤으로 향하게 됩니다. 그렇게 성장의 과정에서, 크루를 떠나 다른 크루로 옮겨 가는 것은 자연스럽고 건강한 일입니다.(2025 트렌드 노트)

마라톤은 이제 개인의 성장 뿐 아니라 지역의 문화적 이벤트이자 축제가 되었습니다. 2024년 6월, 배달의민족은 올림픽공원에서 '장보기 오픈런'이라는 독특한 5km 마라톤 행사를 개최했습니다. 참가비를 내고 달리면서 제공된 장바구니에 원하는 식료품을 가득 담아 가는 방식이었는데, 이를 통해 마라톤은 지역 주민들에게 매우 재미있고 친근한 문화 행사로 자리 잡았습니다. 이 행사는 수많은 참여자들과 시민들에게 깊은 인상을 남겼습니다.

달리기는 단순한 운동을 넘어 현대인들에게 일상에서 분리된 특별

5무 교회가 온다

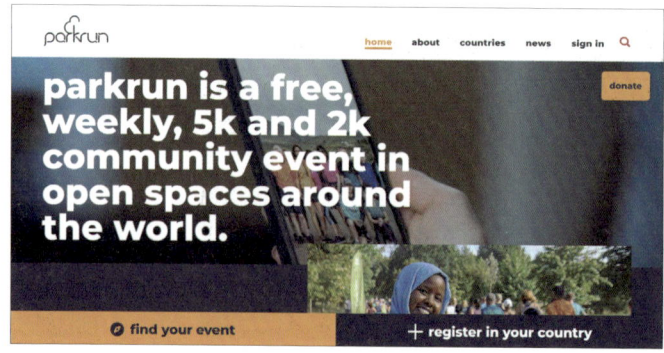

파크런 <출처: 웹사이트>

한 순간, 일종의 '리추얼'이 되고 있습니다. 크리스천에게 예배가 세속과 구별된 거룩한 순간이듯이, 달리기는 현대인에게 자신을 돌아보고 회복하는 소중한 시간입니다. 서구에서는 이미 달리기 모임이 새로운 교회 형태로 자리 잡고 있는데, 대표적인 사례가 바로 '**파크런(Parkrun)**'입니다.

파크런은 2004년 영국 런던에서 시작된 무료 마라톤 이벤트로, 매주 토요일 아침 전 세계 23개국, 2,000여 개 장소에서 열리고 있습니다. 5km를 함께 뛰고 걷는 이 이벤트는 자발적 봉사자들이 운영하며, 1,000만 명 이상의 러너들이 참여하고 있습니다. 해외에서는 파크런 행사장에서 자연스럽게 예배나 소그룹 모임이 열리는 등 새로운 형태의 공동체가 형성되기도 합니다. 영국의 기독교 매체 처치타임즈(Church Times)는 '파크런이 새로운 교회인가?'라는 질문을 던지기도 했습니다.

교회가 오랜 시간 담당해왔던 역할이 이제는 달리기라는 '리추얼'로 옮겨가고 있는 것입니다. 크리스천으로서 고민해야 할 질문이 생깁니다. 왜 교회 밖에서 사람들이 더 자연스럽고 기꺼이 관계 맺기를 시도할까요? 왜 그들에게 교회는 낯설고 부담스러운 곳으로 느껴질까요? 달리기 크루처럼 교회도 가볍게 참여하고, 자연스럽게 연결되는 건강한 관계의 장을 만들어갈 수는 없을까요? 예배당에 머무르지 않고 우리 동네에 크루처럼 건강한 영적 관계의 장을 만들어 내는 교회가 필요합니다.

글쓰기가 예배입니다: 필사, 일기, 묵상. 함께 쓰기

기독교에서는 오랜 시간 성경 말씀을 필사하는 습관을 가졌습니다. 이는 단순히 글을 옮겨 적는 행위가 아니라, 하나님의 말씀을 깊이 새기고 묵상하며 스스로의 내면을 돌아보는 신앙적 리추얼입니다. 일상에서 구별된 시간과 공간에서 성경을 따라 쓰며 스스로를 성찰하는 이 전통적인 리추얼이 현대 사회에서 새로운 형태로 나타나고 있습니다.

최근 서점에 가보면 '필사'가 새로운 트렌드로 떠올랐습니다. 성경뿐 아니라, 유명한 작가의 문장, 명언, 심지어 자기 마음을 기록하는 다양한 필사책이 베스트셀러 순위에 오르고 있습니다. 이는 이전의 캘리그래피 유행과는 결이 다릅니다. 캘리그래피가 SNS에 올려 사람들의 시선을 끄는 '보여주기식' 글쓰기였다면, 필사는 오로지 자신과의 대화에 집중하는 내면적인 글쓰기입니다. 사람들은 이제 필사를 통해 세상에서 잠시 벗어나 자신의 하루를 점검하고, 마음의 평안을 찾습니다.(트렌드 코리아 2025)

일기 쓰기도 새롭게 부상하고 있는 리추얼 중 하나입니다. 복잡한 일과를 간결하게 정리하고 마음을 다독이는 '세줄일기' 앱은 최근 큰 인기를 끌고 있습니다. 하루의 기록을 사진 한 장과 세 줄의 글로 간단히 남길 수 있어 일기 쓰기에 부담을 느끼던 사람들로부터 뜨거운 반응을 얻었습니다.

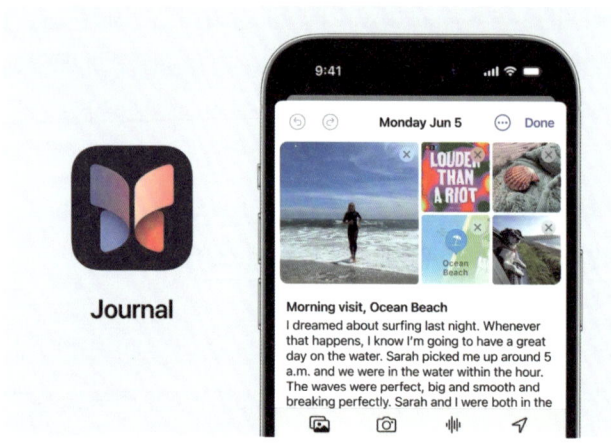

애플 저널 앱 <출처: 웹사이트>

애플이 2023년 말 iOS 17.2 업데이트를 통해 기본 앱으로 '저널'을 추가한 것도 같은 맥락입니다. 저널 앱은 사용자의 정신 건강과 일상의 의미 있는 기록을 돕기 위한 것으로, 디지털 시대에 맞는 리추얼적 글쓰기의 새로운 형태라 할 수 있습니다.

이처럼 일상에서 글쓰기를 통해 자기 성찰과 내면의 안정을 찾으려는 리추얼은 현대인의 영적 갈급함과도 연결됩니다. 이러한 흐름 속에서 기독교 내에서도 디지털 시대에 맞는 새로운 묵상과 글쓰기 형태가 빠르게 퍼져나가고 있습니다.

대표적인 사례가 선한목자교회와 유기성 목사님이 만든 '예수동행일기' 앱입니다. 2025년 상반기 기준 가입자 수가 20만 명을 넘긴 이 앱은, 일상에서 예수님과 동행하며 경험한 작은 간증과 은혜를 글로 나누는 디지털 신앙일기입니다. 유기성 목사님의 예수동행운동의 일환으로 시작된 이 앱은 다양한 지역 교회 및 목회자 세미나와 협력하여 MZ세대의 영적 공동체를 온라인에서 활성화하고 있습니다. 앞으로는 팝업스토어나 굿즈 제작 등을 통해 교회를 떠난 젊은 세대를 다시 초대하는 플랫폼으로 발전시키려는 꿈을 갖고 있습니다.

또 다른 사례로는 저희가 월드비전과 함께 기획하여 진행한 '고난주간 및 추수감사 묵상 챌린지'가 있습니다. 처음 소규모로 시작된 필사 챌린지는 2025년 상반기에만 약 20만 권의 신청을 받을 정도로 교회와 교인들에게 큰 호응을 얻었습니다. 하루의 묵상 말씀을 필사하고, 자신의 마음을 진솔하게 기록하며 나누는 이 챌린지는 개인 신청자도 많아져서, 지금은 책자가 빠르게 소진되는 인기 리추얼이 되었습니다.

앱 기반의 신앙생활도 주목할 만한 리추얼입니다. 현재 가입자가 약 80만 명에 달하는 '초원' 앱은 2025년 기준 월 사용자만 15만 명, 매일 큐티에 참여하는 사람도 9,000명이 넘습니다. 초원 앱은 디지털 큐티뿐 아니라 신앙적인 질문과 고민을 나누는 플랫폼으로, 기존의 전통적인 선교 단체나 교회와는 다른 '느슨한 공동체'를 지향합니다. 초원의 인스타그램을 보면, MZ세대가 선호하는 감각적인 디자인과 힙한 콘텐츠로 새로운 영적 경험을 제안하고 있습니다.

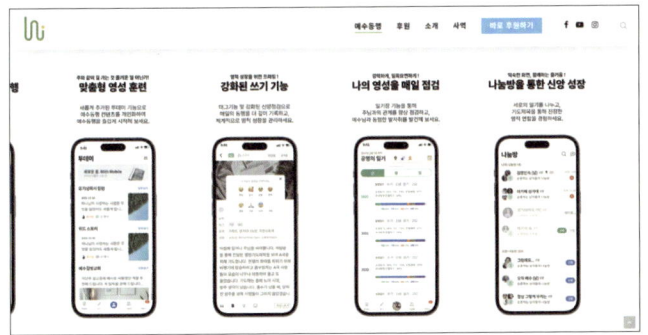

예수동행일기 <출처: 웹사이트>

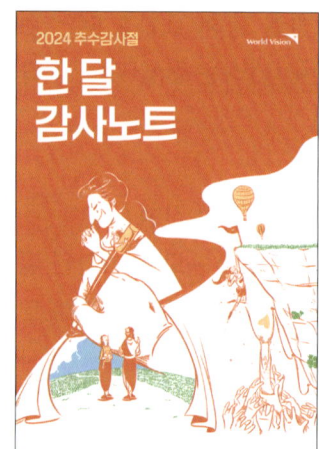 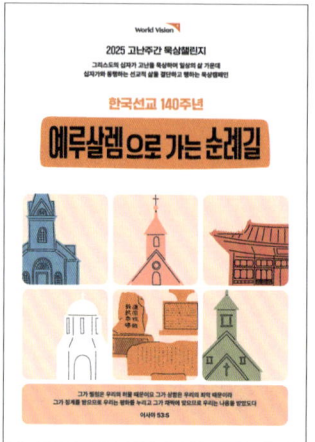

월드비전 묵상 챌린지 <출처: 월드비전, 인권앤파트너스>

리추얼로서의 글쓰기와 묵상은 이제 오프라인에서 온라인으로, 개인에서 공동체로 확장되고 있습니다. 필사와 일기 쓰기가 혼자만의 리추얼이라면, 예수동행일기 앱과 초원 앱 등은 온라인에서 서로를 격려하고 위로하는 공동체적 리추얼로 발전하고 있습니다. 이처럼 시대의 변화와 함께 기독교적 리추얼도 다양한 모습으로 진화하고 있습니다.

| Q5 | 지역에서 열리는 러닝 대회에 참여해 보세요.
월드비전 묵상 챌린지나 동행일기 앱을 써 보세요. |

5무 교회가 온다

커뮤니티

함께 살아요, 원바디 커뮤니티 <출처: 인스타그램>

06
Community

외로운 청년들은 친구를 입양했습니다

'커뮤니티'나 '공동체'는 교회에서 자주 쓰는 용어입니다. 청년부는 물론, 다양한 교회 활동에서도 '공동체'라는 말은 익숙하고 중요합니다. 그러나 현실을 보면 어떨까요? 많은 교회가 젊은 세대를 초대하는 데 어려움을 겪고 있습니다. 대학생 선교는 오랫동안 침체되어 있고, 작은 교회에서는 아예 청년부가 사라진 곳이 많습니다. 교회는 계속해서 '공동체'를 강조하지만, 정작 오늘날의 청년들은 교회 공동체에 참여하기를 꺼려하고 있습니다. 그렇다면 그 이유는 무엇일까요?

오늘날 청년들은 특별히 중요한 일이 아니면 집 밖으로 잘 나가지 않습니다. 음식은 앱을 통해 배달시키고, 온라인에는 볼거리, 놀 거리가 너무 많아 굳이 불편하게 사람들을 만날 필요를 느끼지 못합니다. 인스타그램의 릴스만 보고 있어도 몇 시간이 금방 지나갑니다. SNS는 비용도 들지 않고, 시간도 쉽게 보낼 수 있지만 문제는 이것이 청년들의 외로움을 더 키운다는 것입니다.

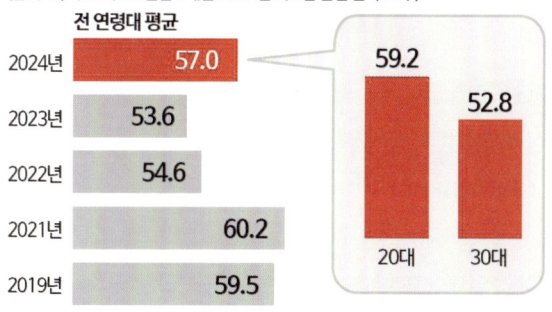

[청년고립24시]10명 중 6명 "외롭다" <출처: 아시아경제>

5무 교회가 온다

2024년 5월 연구 결과를 보면, 대한민국 성인 10명 중 6명이 외롭다고 답했습니다. 특히 20대 청년 중 절반은 사람을 만나면 무슨 말을 해야 할지 고민되고 걱정된다고 응답했습니다. 또한 SNS를 통해 또래의 잘 사는 모습을 보며 상대적 박탈감과 함께 더 큰 외로움을 느낀다고 말합니다. 그래서 더욱 신중하게 만날 사람과 공동체를 선택합니다. 청년들이 원하는 커뮤니티의 특징은 다음과 같습니다.

1. 수준 높은.
2. 질 좋은.
3. 진정성 있는.
4. 의지할 수 있는.
5. 격려하는.

청년들이 이렇게 까다롭게 공동체를 고르는 이유는 현대 한국 사회 특유의 편가르기 문화 때문이기도하다고 생각합니다. 영화 '기생충'의 유명한 장면처럼 사람들은 소득 수준이나 주거 형태 등으로 서로를 분류하고 무시하는 경향이 있습니다. 월급이 적으면 '200충', 빌라에 살면 '빌라충', 공공 임대 주택에 살면 '휴거(휴먼시아 거지)'라는 불편한 표현이 사용됩니다. 안타깝지만 많은 청년들이 이런 사회적 기준 속에서 위축되고 열등감을 느낍니다.

그래서 청년들은 가능하면 자신을 격려하고 끌어 올려줄 수 있는 사람들과 함께하고 싶어합니다. 단순히 신분 상승이나 성공만을 위해 사람을 찾는 것은 아닙니다. 하지만 지금보다 조금 더 나은 삶, 좀 더 의미 있고 성숙한 삶을 제시할 수 있는 공동체가 아니라면 굳이 만나고 싶지 않은 것입니다. 또한 Z세대는 역사상 가장 많은 정보를 손쉽게 얻을 수 있는 세대입니다. 진정성이 없거나 위선적인 커뮤니티는 조용히 '나가기' 버튼을 눌러 떠나버립니다.

이런 현상은 비단 한국뿐 아니라 일본과 아시아 전역의 젊은 세대에서 나타나고 있습니다. 저는 조지프 헨릭의 책 『위어드(WEIRD)』를 추천드리고 싶습니다. 이 책은 현대 아시아 청년들이 처한 상황을 정확히 설명해줍니다. 위어드는 '서구(Western), 교육받은(Educated), 산업화된(Industrialized), 부유한(Rich), 민주적인(Democratic)' 사람들의 특성을 나타내는 용어인데, MZ세대가 가진 가치관을 잘 보여줍니다. 과거 우리 사회가 혈연, 지연, 학연 중심의 관계를 강조했다면, 이제는 이와 전혀 다른 형태의 느슨하고 개별적이며 자율적인 공동체를 추구하는 시대가 열렸습니다. 교회가 아시아 선교와 미래 세대를 이해하고 효과적으로 선교 전략을 짜려면, 이러한 새로운 문화를 반드시 이해하고 반영해야 합니다.

그런데도 사람은 혼자서 살 수 없습니다. 외로운 청년들이 장기적으로 고민하는 부분은 나이가 들었을 때, 혹은 아플 때 함께 할 수 있는 관계가 없다는 것입니다. 이런 상황에서 등장한 책이 바로 2023년에 출간된 은서란 작가의 『친구를 입양했습니다』입니다. 결혼하지 않고도 법적인 가족을 구성할 수 없는 한국 사회의 현실 때문에, 작가는 결국 '성인 입양'이라는 방법으로 가족을 만들었습니다.

작가는 자신보다 50개월 어린 친구를 법적인 딸로 입양했습니다. 이렇게 해서 법적으로 서로의 보호자가 되었지만, 이는 본래 원했던 수평적인 관계(친구)보다는 수직적인 관계(부모-자녀)에 가깝습니다. 만약 한국에도 '생활동반자법'과 같은 제도가 있었다면, 작가는 입양 대신 이 제도를 택했을 것이라고 말합니다. 저자가 밝힌 대로, "사람들이 원하는 사람과 함께 살고, 그들이 서로의 법적 보호자가 되어 안정적으로 살아갈 수 있게 하는 것이 필요하다"는 목소리에 귀를 기울일 필요가 있습니다.

기독교적 관점에서 이 책을 읽을 때 저는 깊은 고민이 들었습니다. 성경은 분명 결혼과 가정을 통해 공동체를 형성하라고 가르칩니다. 그런데 사회가 변하고 가정의 의미가 점점 다양해지고 있는 상황에서 교회는 무엇을 해야 할까요?

오늘날 청년들이 바라는 공동체는 전통적인 형태를 넘어, 자신들의 현실과 고통을 이해하고, 삶의 문제를 함께 나누며 성장할 수 있는 진정성 있는 관계입니다. 교회가 다시 청년들의 관심을 받고 그들을 초대하기 위해서는, 단순한 모임의 형태가 아닌 이 시대에 맞는 진정성 있는 관계 맺기와 공동체의 형태를 고민해야 합니다.

줄서는 독서모임, 트레바리

청년들이 어떤 모임에도 가지 않을까요? 아닙니다! 여기 청년들이 가고 싶어 줄을 서는 모임들이 있습니다. 특히 독서와 소셜링이 지금 매우 핫한 키워드입니다.

대기업에 다니는 청년들의 새로운 연애 장소로까지 소문난 곳이 있습니다. 바로 트레바리라는 독서모임입니다. 책은 내 돈으로 직접

트레바리 <출처: 웹사이트>

사야 합니다. 회비도 가격이 제법 됩니다. 3개월 회비가 수십만 원 가까이 듭니다. 그런데 더 놀라운 점이 있습니다. 바로 회원들 앞에서 '독후감'까지 발표해야 한다는 사실입니다. 책도 내 돈으로 사고, 회비까지 냈는데 독후감까지 써서 발표해야 하다니요! 그런데 사람들이 이 모임에 참여하려고 줄을 섭니다. 인기 있는 프로그램은 개설되자마자 마감이 됩니다.

트레바리의 독특한 특징은 클럽장이 있다는 것입니다. 단순히 회원들끼리만 책을 읽는 것이 아니라, 멘토나 교수처럼 책을 선정하고, 토론을 이끌어 줍니다. 네이버의 CEO, 토스의 마케팅 이사, KAIST 뇌과학 교수, 스타트업 대표, 유명 잡지사 편집장 등이 클럽장으로 참여해, 10명 정도의 소규모 모임을 이끕니다.

평상시라면 만나볼 수 없는 해당 분야 최고 전문가인 클럽장 앞에서

5무 교회가 온다

내 생각을 발표할 기회가 얼마나 있을까요? 회비에 0이 하나 더 붙어도 갈 가치가 충분합니다. 클럽장 입장에서도 흥미롭습니다. 나중에 창업한다면? 신규 채용 계획이 있는데, 몇 달 동안 가까이에서 젊은 친구들의 인사이트와 태도를 지켜볼 수 있다면? 뛰어난 발표를 하는 친구가 있다면 어떻게 될까요? 당연히 미래의 좋은 인재를 미리 만나보는 기회가 됩니다. 발표를 듣는 형제(자매)의 눈빛이 초롱초롱합니다. 모임이 끝난 후 자연스럽게 인스타그램을 팔로우하며 관계를 맺을 수 있습니다.

저는 트레바리가 현대 사회에서 교회 청년부를 대신하고 있다고 생각합니다. 심지어 트레바리는 미래의 네트워크에 대한 기대감이 있다는 점에서, 세상적인 관점으로는 교회보다 더 매력적으로 보일 수 있습니다.

소셜링과 '의무 없는 연결': 넷플연가

요즘 청년들은 취향을 중심으로 하는 공동체, 즉 소셜링(Socialing)에 관심이 많습니다. 이 소셜링은 디지털 환경에서 시작되어 가볍고 부담 없는 '의무 없는 연결' 형태로 발전하고 있습니다. 전통적인 관계에서 오는 부담감과 심리적 압박을 피하고, 자유롭게 선택해서 관계를 맺기를 원하는 현대인의 성향이 잘 드러납니다. 이런 현상을 잘 보여주는 프로그램이 있습니다. 바로 넷플연가입니다.

넷플연가는 2020년 4월, 전희재 대표가 만든 커뮤니티 플랫폼입니다. "당신의 영화 같은 사생활"이란 부제를 가진 이 모임은 혼자 콘텐츠를 소비하던 사람들을 오프라인에서 연결하는 커뮤니티입니다. 지금까지 누적 2,000개 이상의 다양한 주제 모임을 운영했으며, 시즌마다 약 400개의 모임이 열립니다. 참여자는 20대 중반부

넷플연가
<출처: 웹사이트>

터 40대 중반까지 다양하며, 퇴근 후 새로운 사람들과 만나 일상의 활력을 얻습니다.

넷플연가는 영화, 독서, 와인, 향수, 철학 등 다양한 주제로 구성됩니다. 하나의 주제 모임은 보통 3개월 동안 4회 진행되며, 각 모임은 약 10명 내외가 참여합니다. 모임장은 전문가나 열정 있는 일반인으로 엄격한 교육과 인터뷰를 통해 선발됩니다. 참가비는 17~23만 원 정도이며, 일부 다이닝 살롱은 더 높습니다. 홍대, 을지로, 사당 등에 자체 공간을 마련해 운영합니다. 이 외에도 20-30대는 온라인과 오프라인을 연결해 취향을 공유하는 커뮤니티 앱에 활발히 참여합니다. 대표적으로 '문토', '소모임' 같은 서비스가 있습니다.

넷플연가, 문토 등이 청년부의 역할을 대신하고 있습니다. 무엇보다 나만의 '취향'을 잘 알고 있는 사람들과 만날 수 있다는 것입니다. 우리가 예수님을 만나고 난 후에는 '예수 그리스도' 외에는 모든 것이 중요하지 않습니다. 우리가 초대를 하고 싶은 사람들은 복음에 대해 단 한번도 들어본 적이 없는 사람들입니다. '취향'에 목숨을 거는 MZ세대에게 우리는 무엇으로 접근을 해야 할까요?

5무 교회가 온다

남의집 <출처: 웹사이트>

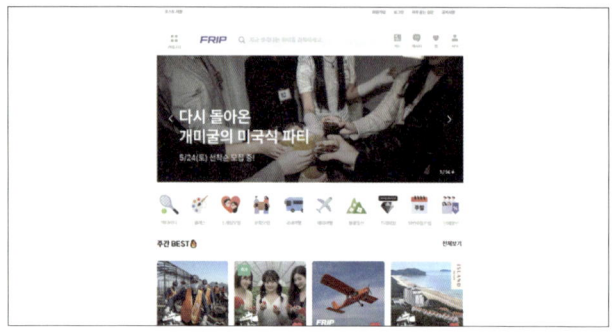

프립 <출처: 웹사이트>

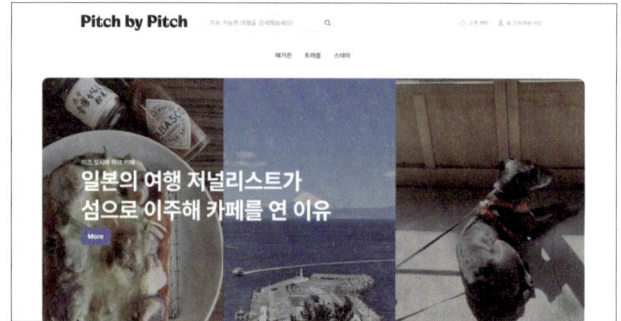

피치바이피치 <출처: 웹사이트>

공간과 취향을 나누는 새로운 구역모임: 남의집 프로젝트

'남의집 프로젝트'는 자신의 집이나 작업실을 열어 취향이 비슷한 사람들을 초대하는 독특한 서비스입니다. 호스트는 자신의 공간에서 소설을 읽거나 작은 음악회를 열어 사람들과 교류합니다. 창립자는 처음엔 네이버에 시험 삼아 올린 글로 사람을 모았는데, 실제로 사람들이 와서 깜짝 놀랐다고 합니다. 주말마다 새로운 게스트들이 모였고, 그 후 본격적인 사업을 시작했습니다.

남의집은 카페나 공방, 바 등 다양한 장소로 확장되었습니다. 저는 이것이 현대적 형태의 구역모임이라고 생각합니다. 누구나 간단한 스타터 키트를 이용해 자기만의 모임을 열 수 있습니다.

취향 플랫폼을 이용해 보셨나요? 프립과 피치바이피치

주말에 만나는 고감도 몰입 경험 – '세상 모든 취미 여가의 시작'을 표방하는 프립은 2025년 기준 140만 명의 회원을 확보했습니다. 대한민국 청년의 3명 중 1명이 가입한 셈입니다. 특히 2023년 6월 시작된 프리미엄 큐레이션 서비스 '시퀀스(SQNC)'는 전문가들이 엄선한 취향 미쉐린 가이드로, 매우 감각적인 경험을 제공합니다.

대표 프로그램으로는 덕수궁 옆의 '마이 시크릿 덴', 향수 클래스 '파르퐁삼각 올팩티브 져니', '후암별채 힐링 스테이', '오므오트 티코스', 파주의 '콩치노 콩크리트' 오디오필룸 등이 있습니다.

잡지인가, 여행사인가, 체험인가 – '피치 바이 피치'는 독립 출판과 온라인 서비스를 넘나들며 여행상품과 체험 프로그램까지 제공합니다. 여행, 문화, 라이프스타일을 융합해 완전히 새로운 매체를 만

5무 교회가 온다

들었습니다. 신당동의 2만 원짜리 투어부터 규슈 드라이빙 투어 5박 6일 500만 원짜리 프로그램까지 내용이 천차만별입니다.

교회 청년부가 참고해야 할 모델입니다. 왜냐하면, 이제 청년들은 주말의 소중한 시간을 교회와 함께 나누지 않고 이런 새로운 프로그램과 나누게 될 것이기 때문입니다. 단지 가격이 아니라 청년들이 원하는 '경험'을 제공할 수 있는지가 중요합니다.

삶과 일의 방식이 달라지는 15분 도시가 옵니다

차가 필요 없어집니다. 자전거와 대중교통을 이용해 직장과 집, 병원과 학교, 쇼핑몰까지 모두 15분 안에 갈 수 있는 도시가 됩니다. 회사 바로 옆에 내가 거주할 수 있는 집이 있습니다. 이것은 2020년 프랑스 파리의 안 이달고 시장이 제안한 **'15분 도시(15-minute City)'**라는 개념입니다.

15분 도시, 부산 <출처: 이미지- 파리시청>

직장과 주거, 여가가 한 곳에서 이루어지는 이 개념은 큰 인기를 얻었습니다. 서울과 부산 같은 한국의 주요 도시들도 이 개념을 적극적으로 받아들여 지역사회를 다시 구성하고, 사람들이 보다 인간적인 삶을 살도록 돕기 위해 노력 중입니다.

팬데믹 이후 재택 근무가 일반화되면서 미국의 경우 샌프란시스코나 뉴욕 등 주요 도시들의 도심 공실률이 심각한 사회적 이슈로 대두되었습니다. 직장을 반드시 오피스에 한정 짓지 않는 유연한 업무 방식이 일반화되면서, MZ 세대의 일하는 방식 역시 진화했습니다.

함께 커뮤니티를 만들어요: 모베러웍스와 디퍼, YMC

예전에는 완벽한 준비를 마친 뒤에야 비즈니스나 가게를 열었지만, 최근에는 '린(Lean)'이라는 개념이 도입되었습니다. 조금 거칠고 부족하더라도 완성품이 아니라 함께 만들어가는 과정 자체를 고객과 공유하며, 커뮤니티를 형성하는 방식입니다.

이제 MZ세대는 완성된 제품만을 구매하는 것이 아니라 **제품을 만드는 과정에 적극적으로 참여하며 그 경험 자체를 소비합니다**. 단지 제품의 기능만을 사는 것이 아니라, 제품이 가진 이야기와 그것을 만드는 사람들과의 정서적 연결을 구매합니다.

이와 관련해 소개하고 싶은 책이 있습니다. '일하는 방식에 질문을 던지는 사람들'이라는 모토를 가진 모베러웍스에서 쓴 『프리워커스』라는 책입니다. 대기업

모TV <출처: 유튜브>

에서 격무에 시달리던 저자들이 무기력과 번아웃을 겪은 뒤, 더 이상은 이렇게 살 수 없다며 회사를 나와 창업을 결심합니다. 그런데 누가 우리에게 일을 줄까요?

모베러웍스는 2019년 8월 유튜브 채널 '모TV'를 개설하고 회사가 만들어지는 모든 과정을 적나라하게 공유합니다. 이 채널은 단순한 홍보가 아니라, 회사가 성장하며 겪는 진짜 고민과 시행착오를 있는 그대로 공유하여 마치 한편의 성장 스토리 같은 콘텐츠가 되었습니다. 같은 고민을 가진 사람들이 모여 커뮤니티가 형성되었고, 서로를 응원하는 공동체가 형성되었습니다. 그렇게 이들은 사람들의 응원 속에 성수동에 작은 30석 규모의 극장을 실제로 만들었습니다.

가구 회사 데스커는 책상에서 일이 만들어진다는 사실에 주목했습니다. 데스커는 책상을 단지 가구로만 바라보지 않고, 책상 앞에서 일하는 사람들을 진정성 있게 응원하고 지지하는 브랜드로 자리매김했습니다. 데스커는 단순히 제품 광고를 하는 대신, 책상 앞에서 성장하고 고민하는 사람들을 소개하고 연결해 주는 '디퍼(differ)'라는 온라인 매거진을 만들었습니다.

디퍼 매거진 <출처: 웹사이트>

디퍼 웹사이트는 책상이나 가구 광고가 아닌, 창업가와 프리랜서, 일하는 사람들의 인터뷰와 진솔한 성장 이야기를 가득 담고 있습니다. 파르퓸삼각도 디퍼 매거진을 통해 '서울의 향을 소개하는 브랜드'로 인터뷰된 적이 있습니다. 이곳에 등장하는 사람들의 이야기는 제품 판매와 무관하게 오롯이 삶과 일의 진정성을 공유하고 있기에, MZ세대는 디퍼를 믿고 지지합니다.

데스커는 더 나아가 홍대에 누구나 자유롭게 일하며 네트워킹할 수 있는 '데스커 라운지'도 만들었습니다. 이제는 가구 회사가 아닌, 일하는 사람들을 연결하는 새로운 커뮤니티의 역할을 수행하고 있습니다.

더 이상 전문가와 비전문가가 명확히 나뉘지 않습니다. 모든 사람이 가르치고 배우는 시대가 되었습니다. 용산모닝클럽(YMC)이라는 인스타그램 기반의 커뮤니티가 있습니다. 처음엔 용리단길 젊은 사장님들의 소규모 조찬 모임으로 시작되었지만, 이제는 다양한 직업군과 관심사를 가진 사람들이 참여하여 미식, 부동산, 마케팅, 공간 등 다양한 주제에 대해 서로 배우고 성장합니다. 이제 YMC는 용산뿐 아니라 서울 전역과 부산 등 다른 도시로도 확장되었습니다. 특

5무 교회가 온다

용산모닝클럽 YMC <출처: 인스타그램>

정 전문가가 아닌 모든 참여자가 서로의 선생님이자 학생이 되어 각자의 경험과 통찰을 나누며 성장하는 방식입니다.

모바일 혁명으로 탄생한 스마트 폰 안의 커뮤니티 앱들은 온라인과 오프라인을 하이브리드로 연결하고, 세계의 사람들을 묶어주는 놀라운 경험들을 제공하고 있습니다. 그리고 사람들은 이와 같은 커뮤니티 경험을 교회의 청년부나 구역 제도와 비교하고 있는 중입니다.

함께 모여 살고 일하기: 로컬스티치 서교 크리에이터 타운

교회 청년부를 위해 고민하는 리더들에게 꼭 방문을 추천하는 공간이 있습니다. 바로 '로컬스티치 크리에이터 타운 서교'입니다. 2013년 생긴 로컬스티치는 청년들이 함께 일하고 생활하며 다양한 시도를 할 수 있는 공간을 만드는 곳으로, 서울에만 30곳 이상의 지점이 있습니다.

그중에서도 최근 문을 연 서교 크리에이터 타운은 도시 창작자, 스타트업, 소규모 브랜드 운영자들이 모여 살고 일하며 창의적인 활동을 할 수 있는 대표적인 공간입니다. 약 300개의 개인 룸, 코워킹 스페이스, 조식이 제공되는 라운지, 이웃과 함께 휴식을 취할 수 있는 커뮤니티 공간 등 청년들이 꿈꾸는 삶의 방식이 모두 구현되어 있습니다.

청년들은 1층 카페에서 싱글 오리진 커피와 비건식을 먹고, 원하는 시간에 한 층 위에 있는 내 공간에서 휴식을 취할 수 있습니다. 일이 필요하면 바로 아래층에서 반려견과 함께 일을 하고, 마음이 맞는 이웃과 로컬 맥주를 마시면서 루프탑에서 이야기를 나눕니다. 현대 도시 청년들에게는 바로 이런 라이프스타일이 꿈이자 일상입니다.

한편, 때로는 장소를 바꾸고 싶은 욕구도 생깁니다. 새로운 영감을 얻기 위해 다양한 지역에서 머무르며 일하는 것도 가능합니다. 코리

로컬스티치 서교 <출처: 웹사이트>

빙과 코워킹을 결합한 브랜드 '맹그로브(Mangrove)'가 바로 그런 곳입니다. 정기적으로 열리는 다양한 커뮤니티 행사에 참여하며 사람들과 교류할 수 있으며, 로컬 탐방 프로그램을 통해 지역과도 긴밀하게 연결됩니다. 필요에 따라 서울뿐 아니라 강원도와 제주도에서도 지낼 수 있습니다.

반려동물과 함께 비행기를 탑니다

2024년 풀무원은 '지구식단'이라는 광고를 내보냈습니다. 주연 모델로는 가수 이효리 씨가 등장했는데, 남편이나 자녀는 나오지 않습니다. 화면 속에는 오직 이효리 씨와 반려견 한 마리만 등장합니다.

혼자 삽니다. 혼자 살기 때문에 때때로 외롭습니다. 가족을 꾸리고 싶은 마음은 있지만, 쉽지 않습니다. 그래서 많은 청년들이 반려동물을 통해 가족을 만듭니다. 한국에서는 2023년, 역사상 처음으로 유아용 유모차보다 애견용 유모차의 판매량이 더 많았습니다.

제주항공 댕댕 플라이트 <출처: 인스타그램>

한국에서는 인구 3명 중 1명이 반려동물을 키우고 있습니다. 특히 혼자 사는 MZ세대에게 반려동물은 그저 애완동물이 아니라 진정한 가족의 일원입니다. 그래서 여행을 갈 때에도 함께 갑니다. 최근 몇 년 사이 반려동물이 비행기에 탑승하는 횟수는 2020년 약 2만 7천 건에서 2024년 5만 7천 건 이상으로 2배 이상 증가했습니다.

이처럼 반려동물에 대한 인식 변화는 사회 전반적으로 빠르게 확산되고 있습니다. 예를 들어, 제주항공은 2024년 '댕댕 플라이트'를 진행했습니다. 반려견이 더 이상 좌석 하단이 아닌 보호자 옆의 전용 좌석에 탑승하고, 수의사가 동행하며 반려동물을 케어하는 서비스였는데, 이 항공편은 3차에 걸쳐 모두 빠르게 완판되었습니다. 또한 제주 유나이티드 FC는 2024년 9월 "K리그 최초로 반려견과 축구 직관하기" 행사를 개최했습니다. 원래 K리그 규정상 불가능했던 일이었으나, 제주 구단이 한국프로축구연맹과 진지한 논의를 통해 한시적 허가를 얻어 진행하게 되었습니다.

이러한 시대적 흐름을 교회도 인지하고 고민하기 시작했습니다. 안산 꿈의교회는 '드림펫 선교회'를 조직하여, 반려동물과 함께 예배에 올 수 있도록 사역을 제공합니다. 성도들이 카카오톡을 통해 미리 예약하면 예배 시간 동안 전문가 봉사자들이 반려동물을 안전하게 돌봐줍니다. 현재는 아직 반려동물이 본당에 들어와 예배를 드릴 수는 없지만, 점점 그 가능성을 고민하게 됩니다.

그런 점에서 볼 때, 반려동물과 관련하여 조금 더 과감한 시도를 하는 종교는 불교 쪽인 것 같습니다. 대표적으로 반려동물 여행 플랫폼 '반려생활'이 개발한 반려견 동반 템플스테이, 일명 '댕플스테이' 프로그램이 있습니다. 한국관광공사, 증평군과 함께 미암리 미륵사에서 진행한 이 프로그램은 매회 10명 정원이 예약 오픈 30초

댕플스테이 <출처: YTN 유튜브>

만에 마감될 정도로 큰 인기를 끌었습니다. 미륵사 댕플스테이 프로그램의 특이점은 반려견과 주인이 동일한 사찰복을 입고 산책을 즐기고 사찰 음식을 함께 먹는다는 것입니다. 심지어 법당 안에 들어가 함께 108배를 드리고 예불을 올리는 시간까지 있습니다.

반려동물에 대한 새로운 인식과 문화를 교회는 어떻게 바라보고 반응해야 할까요? 이것은 현대 사회의 현실적인 고민이며, 기독교가 교회의 전통과 새롭게 변화하는 문화 사이에서 균형을 찾아야 하는 중요한 지점이기도 합니다.

도심속의 구도자: 퍼펙트 데이즈

하루 종일 화장실을 청소하다가 하루를 마무리하는 영화 『퍼펙트 데이즈』를 혹시 보셨나요? 저는 이 영화를 청년부 부흥을 꿈꾸는 장로님들께 꼭 추천합니다.

이 영화는 2023년 칸 영화제에서 야쿠쇼 코지가 남우주연상을 수상하며 주목받았습니다. 한국에서는 2024년 7월에 개봉한 후 예술 영화로는 이례적으로 11만 명 이상의 관객이 찾는 등 큰 인기를 얻었습니다.

도쿄에서는 올림픽 기간에 맞추어 8개의 새로운 공공 화장실이 만들어졌습니다. 일본은 이 아름답게 디자인된 화장실들을 소개하는 다큐멘터리를 제작하기 위해 독일의 유명 감독 빔 벤더스를 초청했습니다. 그런데 빔 벤더스는 화장실을 둘러보더니 다큐멘터리 대신 한 편의 영화로 만들어야겠다고 마음을 바꿉니다. 그렇게 탄생한 영화가 『퍼펙트 데이즈』입니다.

주인공 히라야마는 매일 새벽 일어나 같은 루틴으로 도쿄의 공중 화장실을 묵묵히 청소하며 살아갑니다. 언뜻 보면 단조롭기 짝이 없는 삶이지만, 그의 삶은 하루하루 작은 루틴과 규칙 속에서 깊은 평화와 만족감을 찾아갑니다. 히라야마의 이 고요하고 충만한 삶의 모습은 과도한 경쟁과 성공 강박으로 지친 현대의 MZ세대들에게 큰 울림과 위로가 되었습니다.

"별일 없이 흘러가는 하루가,
사실은 가장 완벽한 하루였구나."

퍼펙트 데이즈 <출처: 넷플릭스>

이 영화는 '자기계발'보다는 '자기돌봄'을 중시하는 현 세대의 마음과 깊이 공명했습니다. 식물을 돌보고, 음악을 듣고, 햇살을 느끼는 히라야마의 단순하지만 충만한 일상은 많은 이들에게 퇴사 후의 삶이나 경쟁에서 벗어난 조용한 삶에 대한 동경을 자극했습니다.

조카의 가출과 그로 인해 오랫만에 만나게 된 누이와의 재회. 절연한 아버지. 기사가 수행해 온 자동차를 타고 돌아가는 뒷모습에 오열하는 주인공의 모습을 보면, 평온해 보이는 일상 속에 우리들처럼 깊은 슬픔이 있음을 함께 공감할 수 있습니다.

기독교적 관점에서 본다면 히라야마의 삶은 마치 수도자의 삶과도 같습니다. 이 영화와 같이 자신의 삶을 의미 있게 살고자 하는 현대의 청년들을, 교회는 어떻게 받아들이고 그들과 함께할 수 있을까요?

| Q6 | 로컬 스티치 서교에 견학을 다녀와 보세요.
프립에서 소셜링 서비스를 함께 경험해 보세요. |

5무 교회가 온다

로컬

키친 다솜의 식탁 <출처: 인스타그램>

07
Local

지방 소멸, 하고 싶은 일을 살고 싶은 곳에서: 로컬

여름이면 많은 도시 교회들이 빠지지 않고 하는 사역이 있습니다. 바로 청년들과 함께 '미자립교회' 봉사활동을 떠나는 것입니다. 낡은 교회 건물을 수리하고, 이웃들을 초청하여 전도 잔치를 벌이기도 합니다. 한때는 필리핀이나 캄보디아와 같은 해외로 단기선교를 떠났지만, 최근에는 국내 지방의 미자립 교회를 돕는 방향으로 변화하고 있습니다.

팬데믹 이후 한국 사회가 가장 크게 관심을 두고 있는 이슈는 바로 '저출산'과 '지방 소멸'입니다. 이미 2021년 감사원의 보고서에 따르면, 2117년이면 대한민국의 인구는 현재의 30% 수준인 1510만 명으로 급감한다고 합니다.

실제로 수도권을 제외한 대부분의 지방 소도시와 농어촌은 이미 심각한 인구 감소를 겪고 있습니다. 청년들이 일자리를 찾아 수도권으로 떠나면서, 시골에는 빈집이 늘어나고 지역 상점들은 하나둘씩 문을 닫고 있습니다. 이에 정부는 2023년 11월 '지방시대위원회'를 발족하고, 부산에서 '지방시대 선포식'을 열었습니다.

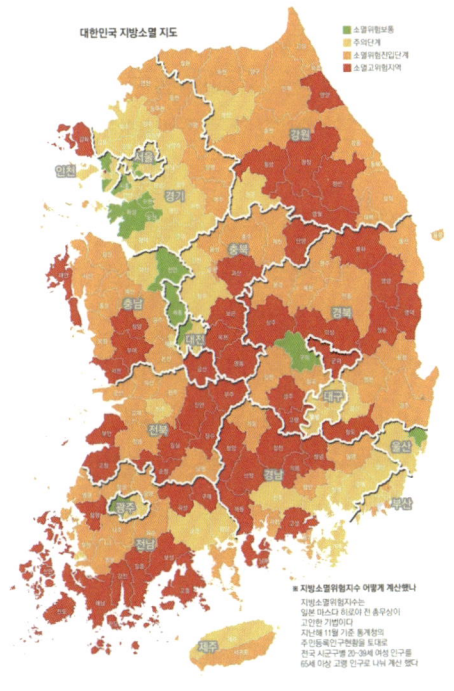

지방소멸 위험 지수 2019 <출처: 국가지도집>

카페 치즈 태비 <출처: 인스타그램>

그러나 한편으로는 젊은이들이 떠난다고 하던 지역에서 흥미로운 변화도 나타나고 있습니다. 대표적인 곳이 제주도입니다. 올레길을 걷다 보면 제주시 구좌읍 행원리에 작은 교회가 있습니다. 교회 간판을 달고 있지만, 실제로는 교회가 아니라 예쁜 카페로 운영되고 있습니다. 옆길을 따라 들어가면 마치 태국의 치앙마이에 온 것처럼 이국적인 나무와 정원이 펼쳐져 있고, 내부는 오래된 교회의 장의자를 가져다 놓아 감각적인 인테리어를 완성했습니다.

이런 '로컬' 공간은 제주뿐만 아니라 최근 10년 사이 양양, 속초, 강릉, 경주 등 전국 곳곳에서 빠르게 확산되고 있습니다. 사실 오래전부터 대전의 '성심당'이나 군산의 '이성당'과 같은 지역 명소들이 있었지만, 최근의 차이는 이러한 로컬 공간 방문 자체가 여행의 '목적'이 되었다는 점입니다. 예전에는 출장이나 여행길에 우연히 들러서 사가는 선물 가게 정도였다면, 이제는 그 자체가 주말을 할애할 만큼 강력한 여행 동기로 자리 잡았습니다.

요즘 청년들은 단지 빵을 먹기 위해 하루를 온전히 비워 대전 성심당으로 '빵지순례'를 떠납니다. 평소 너무 바빠서 주일 교회 예배에 참석하기 어려워하던 청년들이지만, 맛있는 빵을 먹기 위해 기꺼이 먼 길을 떠납니다. '성심당'에서 빵을 사고, 근처의 유명 카페와 독특한 문구점, 서점을 둘러본 뒤 저녁에 집으로 돌아옵니다. 이런 여행 형태는 이미 MZ세대에게는 낯설지 않습니다.

이들은 "하고 싶은 일을 살고 싶은 곳에서 한다"는 새로운 삶의 방식을 추구합니다. 기술의 발달과 교통 인프라의 개선 덕분에 KTX와 공항이 많아지면서 전국 어디든 빠르게 오갈 수 있게 되었습니다. 이제 부산이 청주보다 가깝게 느껴지는 시대가 되었습니다. 이런 시간축 지도의 변화로 인해 지역 간의 물리적 거리 개념도 바뀌었습니다. 그래서 최근 MZ세대가 가장 즐겨 찾는 여행지중 하나는 부산입니다.

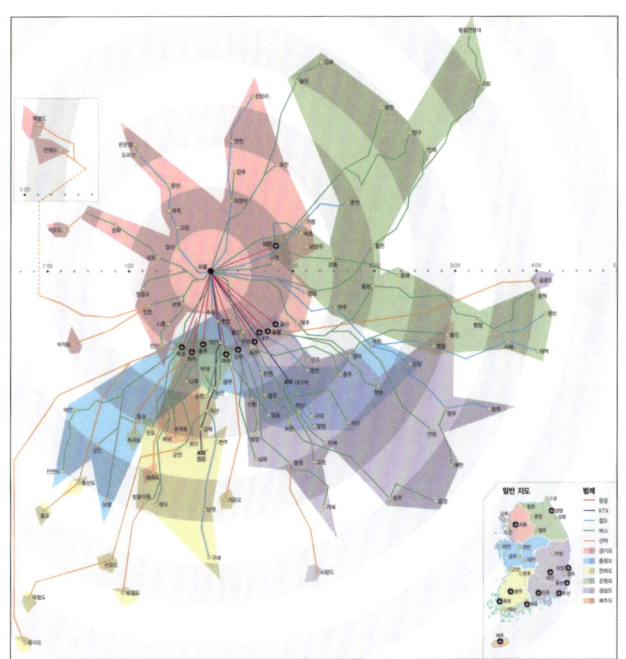

부산이 청주보다 가깝다… 명절 '시간지도' <출처: 동아일보>

5무 교회가 온다

부산 영도의 '모모스커피'는 기존에 강릉이 가지고 있던 '커피 도시' 이미지를 서서히 부산으로 옮겨오고 있으며, 부산역 근처의 '이재모 피자' 역시 오랫동안 지역의 특색을 유지했다는 이유로 젊은이들 사이에서 꼭 가봐야 할 로컬 맛집으로 인정 받고 있습니다.

MZ세대는 이미 선진국 한국에서 자란 세대입니다. 해외 경험을 통해 다양한 문화와 가치를 경험했고, 이제는 **자기 지역에 대한 자부심을 바탕으로 새로운 라이프스타일**을 만들어가고 있습니다. 이 흐름을 우리는 **'로컬'**이라고 부르고 있습니다.

퀵턴투어를 아시나요? 네이버 로컬 브랜드 리뷰

최근 청년들 사이에서는 '퀵턴투어'가 유행하고 있습니다. 퀵턴근무는 원래 항공사 승무원들이 목적지에 도착하자마자 다시 돌아오는 당일치기 비행을 뜻하는 용어였습니다. 이제는 주말에 하루를 온전히 비워 대전 성심당에서 빵을 먹거나, 부산의 맛집을 찾아 당일치기 여행을 떠나는 여행 방식을 가리킵니다. 비효율적으로 보일 수도 있지만, 퀵턴투어를 떠나는 데는 다음과 같은 이유가 있습니다.

짧은 시간 안에 자기 표현을 극대화 – 직장과 학업으로 바쁜 현실 속에서 짧은 휴가만 주어지지만, SNS에서 풍성한 경험을 보여줘야 하는 압박감이 있습니다. 그래서 제한된 시간 안에 '콘텐츠'로 인증할 수 있는 경험을 최대한 압축해서 채워오는 것입니다.

여행은 힐링이 아니라 미션 – 기존 세대는 여행에서 쉼을 추구했지만, MZ세대는 여행을 하나의 미션이나 프로젝트로 인식합니다. "이번 주말에 대만 다녀왔어"라는 말은 자신의 삶이 얼마나 효율적이고 알찬지 증명하는 방식이기도 합니다.

소유보다 경험, 경험보다 콘텐츠 – 이들에게 여행의 경험 자체보다 그 경험을 얼마나 잘 콘텐츠로 만들고 공유할 수 있는지가 더욱 중요합니다. 좋은 사진과 콘텐츠를 위해 여행을 떠나는 것입니다.

대표적인 예로, 스스로를 '김밥 큐레이터'라 부르는 정다현 님은 전국의 김밥집을 하나씩 방문하고 인스타그램에 올리다가 이를 책으로 출간하기까지 했습니다. 떡볶이를 좋아하는 사람들은 '떡지 순례'라는 책을 따라 전국의 떡볶이집 124곳을 매주 방문하기도 합니다. 매주 주말에 하나씩 방문해도 2년이 넘는 대장정입니다.

여름이면 서핑을 하기 위해 강원도 양양의 '서피비치'로 떠납니다. 3개월 전에 미리 에어비앤비를 통해 여름 휴가를 준비하고, 몇 년 더 준비해서 발리에서 한 달 살기를 계획하기도 합니다. 결국 언젠가는 하와이에서 디지털 노마드로 살게 될지도 모릅니다.

네이버에서는 이런 '로컬' 트렌드를 반영하여 『네이버 로컬 브랜드 리뷰』를 발간하고 있습니다. 포틀랜드스쿨과 함께 제작한 이 책은 대한민국의 다양한 지역에서 성공한 로컬 브랜드들을 집중적으로 다루고 있습니다. 전국 13개 지역(마포구 망원동, 부산 전포동, 강

5무 교회가 온다

릉, 양림동 등)을 선정하고, 그 지역의 핵심 로컬 브랜드 100곳을 소개하고 있습니다. 이 책은 로컬 브랜드가 성공하기 위한 조건으로 '청년 인구 밀집도', '세월이 깃든 건축물', '풍부한 로컬 크리에이터' 등을 꼽으며, 각 브랜드의 창업 배경과 성장 과정, 지역 사회와의 연계 등을 상세히 보여줍니다.

저는 이 책이 지역 교회가 반드시 읽어야 할 필독서라고 생각합니다. 우리 동네에 오는 청년들이 어디에서 시간을 보내는지, 어떤 공간을 좋아하고 찾는지 이해하는 것이 중요합니다. 이 책을 통해 각 지역에서 새롭게 시작된 청년들의 문화와 가치를 이해하고, 그들과 함께 호흡하는 교회로 나아갈 수 있는 좋은 인사이트를 얻을 수 있습니다.

경주 황리단길과 수원 행궁동: MZ세대가 사랑한 새로운 로컬

X세대에게 경주는 중고등학교 수학여행 때 베개 싸움한 기억만 남아 있는 옛 관광지입니다. 그 후로 다시는 갈 일이 없었던 경주가 최근 MZ세대에게 완전히 다른 의미로 다가오고 있습니다. 바로 '황리단길' 때문입니다. 한옥과 현대적 감성이 결합된 '뉴트로' 열풍 속에서, 경주의 황리단길은 국내 여행객은 물론이고 외국인 여행객에

경주 최대 핫플레이스 '황리단길' <출처: 경북여행찬스>

게도 인기를 얻고 있습니다. 비슷한 흐름으로 떠오른 곳이 수원 행궁동입니다. 이 두 곳이 어떻게 로컬 관광의 아이콘으로 부상하게 되었을까요?

경주 황리단길은 신라 천 년의 역사를 간직한 도시 경주 한복판, 황남동의 오래된 한옥 골목에서 시작되었습니다. 그러나 전통적인 한옥들이 최근 몇 년 사이에 감각적인 카페, 독립 서점, 수공예 공방으로 새롭게 태어나면서 큰 주목을 받게 되었습니다.

전통과 뉴트로의 조화 – 황리단길의 매력은 신라의 역사가 느껴지는 고즈넉한 한옥 골목에서 현대적인 감각을 지닌 MZ세대의 개성 있는 브랜드들이 자리를 잡았다는 점에 있습니다. 전통적이면서도 젊고 세련된 감성이 만나면서 '뉴트로'의 완벽한 사례로 꼽히게 되었습니다.

감성을 자극하는 콘텐츠 생산지 – 한옥을 리모델링한 카페나 식당은 그 자체가 콘텐츠가 됩니다. 이국적이고 감각적인 인테리어와 함께 인스타그램용 사진이 잘 나오기로 유명한 장소들이 많아서 '찍기 좋은 공간'으로 알려지게 되었습니다.

슬로우 라이프, 머무는 여행의 중심지 – 단순히 유적지를 방문하고 인증샷을 찍는 관광이 아니라, **느리게 머물면서 삶의 일상을 체험하는 '머무는 여행(stay-type travel)'의 대표적 공간**으로 자리 잡았습니다. 하루 이틀 지역에 머물며 현지 카페에서 브런치를 즐기고, 서점에서 독서를 하거나 동네를 산책하며 느긋한 일상의 리듬을 경험할 수 있습니다.

경주 황리단길과 비슷한 분위기로 수도권 청년들에게 인기 있는 로

수원 행궁동 <출처: @cafe_paletscent, 대한민국 구석구석>

컬 공간이 바로 수원 행궁동입니다. 수원 화성 근처에 자리한 이곳은 과거 허름한 골목상권에서 젊은 창업자들의 꿈이 실현되는 창의적 공간으로 완전히 재탄생했습니다.

문화재와 골목상권의 감성적 공존 – 행궁동은 수원화성이라는 유네스코 세계문화유산과 가까이 위치하면서 한옥 스타일로 새롭게 단장된 거리 위에 감성적인 카페, 독립 서점, 작은 공방들이 모여있습니다. 특히 행궁동은 전통을 지키면서도 현대적인 감각을 담은 로컬 브랜드들이 밀집해 있습니다.

일상 속 짧은 여행지 – 행궁동의 강점 중 하나는 수도권 어디서나 지하철로 쉽게 접근 가능하다는 것입니다. 서울에서 가까운 곳에 위치한 덕분에 하루를 온전히 쓰지 않고도 여행 기분을 낼 수 있는 '당일치기 로컬 여행지'로 사랑받고 있습니다.

MZ세대 창업자의 무대 – 행궁동은 특히 젊은 MZ세대 창업자들이 자신들의 작은 브랜드를 자유롭게 실험하고 성공시키는 무대가 되고 있습니다. 다양한 개성을 가진 카페와 공방을 운영하는 젊은이들이 많아서 '나도 로컬에서 브랜드를 만들 수 있다'는 희망과 가능성을 보여주는 공간입니다.

교회가 봐야 할 것은 무엇인가요?

'동네'라는 공간의 가능성 다시 보기 – 과거에는 교회가 동네의 중심이었습니다. 그러나 이제는 그 자리를 카페와 편집숍 등 감성적이고 매력적인 상점들이 대신하고 있습니다. 이는 단지 취향의 변화가 아니라, 동네에서의 경험과 관계 맺는 방식 자체가 달라졌음을 의미합니다. 교회도 동네의 일부로서 지역 주민과 자연스럽게 연결될 수 있도록 공간과 기능을 재해석해야 할 필요가 있습니다.

콘텐츠와 경험의 시대를 이해하기 – 황리단길과 행궁동이 인기를 끈 이유는 단지 예쁘기 때문이 아니라, 그 안에서 사람들이 머무르며 나눌 수 있는 이야기와 경험이 있기 때문입니다. 교회 역시 단순히 예배 공간으로만 존재하지 않고, '삶을 나누는 이야기와 경험'이 풍성한 장소로 변화를 시도해야 합니다.

새로운 창업 세대와의 연대 가능성 – 행궁동과 황리단길의 MZ세대 창업자들은 작은 공간과 유연한 조직, 따뜻한 커뮤니티를 기반으로 자신의 브랜드를 운영합니다. 교회가 이들과 적극적으로 연대하여 '지역 리빙랩', '공유 공간', '로컬 협업 프로젝트'를 함께 진행할 수 있습니다. 예를 들어, 교회 공간 일부를 주중에는 청년 창업자들이 사용하고, 주일에는 예배 공간으로 활용하는 하이브리드 방식이 가능합니다.

'복음과의 거리감'을 좁힐 기회 – MZ세대가 교회를 멀게 느끼는 가장 큰 이유는 교회가 삶의 현실과 동떨어져 있다고 생각하기 때문입니다. 로컬 중심의 감성적이고 일상적인 공간에서는 신앙을 향한 거리감도 줄어들 수 있습니다. '관계 중심적 커뮤니티'는 선교적 교회(Missional Church)의 방향과도 정확히 일치합니다.

5무 교회가 온다

'머무는 여행(stay-type travel)'은 무엇인가요?

최근 여행 트렌드는 기존의 '유적지 관광'에서 '머무는 여행'으로 바뀌고 있습니다. 단순히 유명 장소를 빠르게 돌아보는 것이 아니라, 여행지의 생활을 천천히 체험하는 새로운 여행 방식입니다.

항목	유적지 관광	머무는 여행
목적	명소 방문 및 인증	일상 속 전환 경험
방식	빠른 이동, 많은 장소 방문	적은 이동, 깊은 체류
시선	"보는 여행" 중심	"사는 여행" 중심
감성	스펙터클, 다이내믹	로컬 감성, 잔잔한 몰입
사례	패키지 투어, 관광버스 여행	로컬 에어비앤비, 소도시 장기 체류

'머무는 여행'은 현지 카페에서 아침 식사를 하고, 시장에서 장을 보고, 동네 골목을 느긋하게 산책하며 현지인의 삶을 체험합니다. 여행지에서도 나만의 루틴을 유지하며 일상적인 편안함을 찾습니다. 많은 장소를 다니는 대신, 한 곳에 머물며 감정을 깊이 느끼고 관계를 맺는 것에 집중합니다. 현지의 작은 상점, 공방, 카페에서 현지인과 느슨한 관계를 맺으며, 자신이 그 지역의 일부가 된 듯한 감정적 연결감을 형성하는 것이 바로 '머무는 여행'의 핵심입니다.

부티크 호텔의 시대: 머무는 공간에서 경험하는 공간으로

최근 MZ세대 사이에서 인기 있는 호텔의 유형이 있습니다. 바로 부티크 호텔(Boutique Hotel)입니다. 부티크 호텔은 크지는 않지만, 고객에게 특별하고 차별화된 경험을 제공하는 것을 목적으로 운영되는 작은 규모의 호텔입니다. 객실 수는 일반적으로 10개에서 많아야 100개 이내로, 대형 체인 호텔에 비해 규모가 작고 아늑합니다. 요즘 세계적으로 큰 인기가 있습니다.

부티크 호텔의 주요 특징

소규모 운영 – 객실 수가 적어 아늑하고 친밀한 분위기.
독창적인 디자인 – 호텔마다 고유한 인테리어 테마를 가지고 있으며, 예술 작품이나 지역의 건축, 문화를 반영한 독특한 스타일.
현지 감성 중시 – 호텔이 위치한 지역의 특성과 문화를 적극 반영. 현지 작가나 장인들과의 협업을 통해 지역성을 강조.
개인 맞춤형 서비스 – 고객 한 사람 한 사람에게 세심하고 맞춤화된 서비스를 제공하여 기억에 남는 숙박 경험을 제공.
라이프스타일 중심 – 단순 숙박을 넘어, 여행자가 그 공간에 머무르며 지역의 문화를 체험하고 일상을 경험할 수 있도록 설계. 북카페, 커뮤니티 공간, 전시 공간 등을 함께 운영.

대형 체인 호텔과 부티크 호텔의 차이

항목	부티크 호텔	대형 체인 호텔
규모	작고 아늑함	크고 획일적
디자인	독창적이고 개성 있는 테마	표준화된 획일적 인테리어
분위기	예술적, 로컬 감성 중심	글로벌 표준, 기능적
서비스	개별 고객 맞춤형 서비스	시스템 중심, 표준화
예시	에이스 호텔, 안다즈, 1호텔	힐튼, 메리어트, 하얏트 등

이와 같은 부티크호텔을 찾는 사람들을 위해 스테이폴리오와 같은 서비스가 운영되고 있습니다. 스테이폴리오는 독창적이고 개성 있

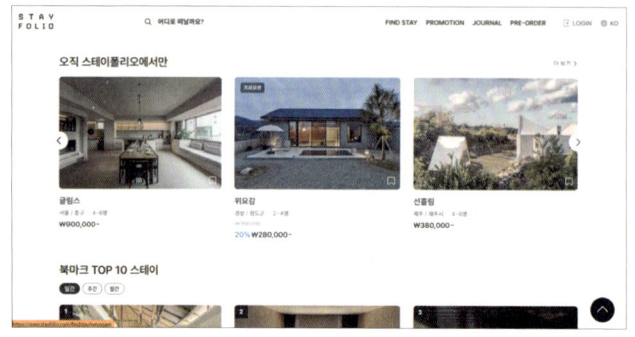

스테이폴리오 <출처: 웹사이트>

는 숙소를 엄선하여 소개하고 예약할 수 있도록 돕는 큐레이션 기반 숙박 플랫폼입니다. 단순히 숙소를 예약하는 것을 넘어, 하나하나 개성이 뚜렷하고 아름다운 공간을 중심으로 숙소를 엄선해 놓은 것이 특징입니다. 특히 감성적인 사진과 세련된 디자인을 통해 숙소의 고유한 스토리와 분위기를 전달하며, 고객이 특별한 경험을 얻을 수 있도록 돕습니다. 숙소를 단순한 숙박이 아닌 삶의 일부이자 특별한 경험으로 바라보는 사람들을 위한 웹사이트입니다.

에이스 호텔: 동네 사람이 놀러오는 호텔이 되다

에이스 호텔의 첫 번째 지점은 1999년 미국 워싱턴주 시애틀의 벨타운 지역에서 시작되었습니다. 설립자인 알렉스 칼더우드(Alex Calderwood), 웨이드 와이겔(Wade Weigel), 더그 헤릭(Doug Herrick)은 이전에 해양 노동자 숙소로 사용되던 오래된 28개 객실 규모의 건물을 리노베이션하여 호텔을 만들었습니다.

기존 호텔과 달리, 이들은 지역 주민과 여행자가 자연스럽게 어우러질 수 있는 공간을 목표로 삼았습니다. 빈티지 가구, 지역 예술가 작품을 활용한 인테리어, 공용 욕실을 갖춘 저렴한 객실과 고급 스위트룸이 함께 있는 독특한 구성은 당시 매우 혁신적인 시도였습니다.

에이스 호텔은 이후 포틀랜드, 뉴욕, 런던 등 주요 도시로 확장되며, 각 도시의 독특한 문화와 정서를 반영하여 독특한 호텔 경험을 제공하는 브랜드로 자리매김했습니다. 현재 전 세계 부티크 호텔의 새로운 표준으로 인정받고 있습니다.

에이스 호텔의 성공 비결은 호텔을 단지 숙박 시설이 아닌 하나의 로컬 문화 플랫폼이자 경험 공간으로 만든 것에 있습니다. 이런 부티크 호텔의 접근법은 전 세계 MZ세대 여행자들에게 뜨거운 사랑을 받고 있습니다. 어쩌면, 청년들이 교회에 기대하는 모습이 저는 에이스 호텔 같을지도 모르겠다고 생각합니다. J-US의 김준영님은 자이온 타운을 오픈하면서, 에이스 호텔에서 큰 영감을 받았다고 밝힌 적이 있습니다.

시몬스 그로서리 스토어: 침대 없는 침대 브랜드의 공간 이야기

결혼을 하지 않는 젊은이들은 큰 침대를 사야 할 필요가 없을 수도

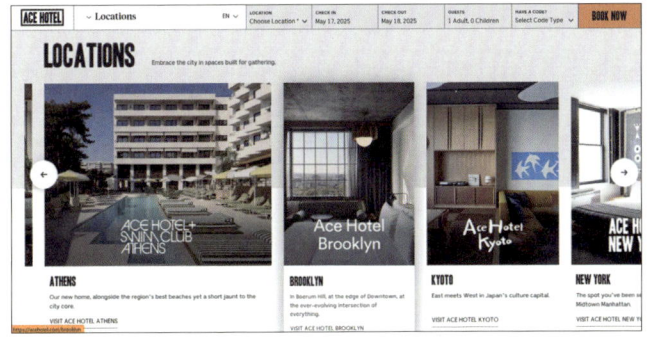

에이스호텔 <출처: 웹사이트>

100만명이 넘게 방문한 이천 시몬스 테라스 <출처: 웹사이트>

있습니다. 그렇다고 침대 회사가 가만히 있을 수도 없습니다. 유명한 침대 브랜드 시몬스는 명민하게 MZ세대의 친구가 되기로 맘을 먹습니다. 그래서 아주 색다른 시도를 하고 있습니다. 바로 '시몬스 그로서리 스토어(Simmons Grocery Store)'라는 팝업스토어를 통해서인데요. 이곳의 가장 흥미로운 점은, 침대 브랜드임에도 불구하고 침대를 전혀 전시하거나 판매하지 않는다는 것입니다. 대신 지역 문화와 협력한 다양한 라이프스타일 제품을 소개하고 판매합니다.

예를 들어 부산 해운대 해리단길이나 서울 청담동과 같은 감각적인 지역을 선택하여, 해당 지역의 로컬 브랜드와 협업한 상품을 소개합니다. 이를 통해 브랜드는 단순히 제품을 판매하는 곳이 아니라, 지역의 문화를 소개하고 상권과 함께 성장하는 공간으로 자리잡고 있습니다. 특히나 이국적인 외관과 감각적인 굿즈, 디지털 아트 전시 등을 통해 MZ세대가 좋아하는 새로운 경험을 만들어 줍니다.

2018년 개관한 경기도 이천의 복합문화공간 '시몬스 테라스'는 브랜드와 지역 상생의 대표적 사례입니다. 2025년 기준으로 누적 방문객이 145만 명을 넘어섰고, 특히 연말마다 설치되는 8m 높이의 크리스마스 트리는 수도권의 대표적인 인증샷 명소가 되었습니다.

시몬스 테라스는 단순히 브랜드 홍보 공간을 넘어 지역 농가와 협력한 파머스 마켓을 운영하며 지역경제 활성화에 기여하고 있습니다. 또한 직원의 절반을 지역민으로 고용하는 등 지역 고용창출과 경제 활성화에도 기여하고 있습니다. 브랜드와 지역이 어떻게 공존할 수 있는지 보여주는 사례입니다.

구미 라면축제: 라면을 먹으러 구미까지 갑니다

경북 구미시는 농심 라면 공장이 지역에 있다는 점에서 착안해 '라면 축제'를 열어 큰 성공을 거두었습니다. 2023년에는 방문객이 전년 대비 약 5배 증가한 8만 명에 달했고, 2024년 11월 축제는 약 17만 명이 방문할 정도로 급성장했습니다.

구미라면축제의 핵심 컨텐츠는 농심 공장에서 나온 갓튀긴 '오늘 나온 라면'입니다. 이것을 먹으러 서울과 부산, 전국 각지에서 17만 명이 모여든 것입니다. 오가는 교통비와 시간을 생각해보면 수지타산이 맞는 일이 아닙니다.

구미라면축제는 사실 콘텐츠 면에서는 그리 화려하거나 거창하지 않습니다. 그럼에도 불구하고 전국의 젊은 세대가 몰려드는 이유는, 최근의 트렌드와 감성을 정확히 건드렸기 때문입니다.

일상의 사소한 즐거움에 열광하는 세대 – MZ세대는 거대한 담론이나 무거운 주제보다는 가볍고 사소한 행복, 일상의 재미를 중시합니다. 구미라면축제는 단지 '라면'이라는 친숙하고 평범한 주제를 재

구미라면축제 <출처: 구미시>

있게 풀어내면서 젊은이들에게 가벼운 즐거움을 선사합니다.

유머와 밈(meme)의 문화 – 요즘 세대는 SNS에서 바이럴된 유머와 밈(meme)을 소비하는 문화에 익숙합니다. 구미라면축제처럼 다소 황당하거나 가벼운 이벤트일수록, 사람들은 재미있게 받아들이고 이를 SNS에서 적극 공유합니다. 그러면서 자연스럽게 축제가 전국적으로 알려지게 됩니다.

가볍게 참여하고 자유롭게 떠나는 문화 – 전통적인 축제처럼 긴 시간 동안 머물고 준비가 필요한 게 아니라, 가볍게 참여했다가 사진을 찍고 SNS에 공유하는 등 가볍고 자유로운 참여 방식이 MZ세대의 라이프스타일에 딱 맞습니다.

인증샷을 통한 소셜 미디어의 확산력 - 구미라면축제는 매우 간단하고 직관적인 '포토존'과 같은 요소를 통해 SNS에서 인증샷을 찍기 좋은 환경을 제공합니다. 이런 '인증 문화'는 SNS를 통해 전국적으로 빠르게 퍼져나갑니다.

무의미함이 주는 힐링과 위안 - 젊은 세대는 과도한 의미부여보다는 오히려 가끔씩은 '무의미한 즐거움'에서 힐링을 찾습니다. 진지하지 않고 빈약한 콘텐츠 자체가 주는 가벼움과 편안함이 오히려 힐링과 재미의 요소가 됩니다.

교회 역시 콘텐츠를 기획할 때 반드시 화려하고 완벽할 필요는 없습니다. 오히려 일상의 친숙한 소재를 재밌고 유쾌하게 다루며, 젊은 세대의 언어와 감성을 이해하는 것이 중요합니다. '구미라면축제'처럼 너무 진지하지 않으면서도 쉽게 참여할 수 있는 친근한 콘텐츠를 기획한다면, 교회도 젊은 세대와 훨씬 가깝게 소통할 수 있을 것입니다.

김천 김밥축제: 1만 명 축제에 10만 명이 몰리다

2024년 10월 26일부터 27일까지 경북 김천시에서 개최된 제1회 '김천 김밥축제'는 예상보다 훨씬 많은 인파를 끌어모으며 큰 성공을 거두었습니다. 김천시의 인구가 약 13만 명임에도 불구하고, 이틀간 약 10만 명의 방문객이 축제장을 찾았습니다.

축제의 성공 요인 중 하나는 '김천'이라는 지명과 '김밥천국'이라는 프랜차이즈 이름의 유사성을 활용한 참신한 발상이었습니다. 김천시는 MZ세대를 대상으로 '김천 하면 떠오르는 이미지가 무엇이냐'는 질문에 '김밥천국'이라는 답변을 얻고, 이를 바탕으로 축제를 기

김천김밥축제 <출처: 연합뉴스 유튜브>

획하였습니다. 약 1억 5천만 원이라는 적은 예산으로도 높은 참여를 유도하며 효율적인 예산 운영 사례로 평가받았습니다. 또한 친환경 포장재를 사용하여 지속 가능한 운영 방식으로 긍정적인 평가를 받았습니다.

필그림하우스 천로역정, 주말을 둘러싼 싸움

필자는 15년 전 지구촌교회에서 이동원 목사님과 함께 필그림하우스를 브랜딩하는 일을 했습니다. 당시 필그림하우스는 현대인들이 주말과 일상 속에서 영성의 시간을 보내는 트렌드가 변하고 있다는 것에 착안하여 설계된 공간으로, 오랜 시간 동안 한국 교회에서 많은 사랑을 받아 왔습니다.

당시 이 공간에 사인 디자인을 적용하면서 가졌던 기도와 꿈은, 필그림하우스가 "아시아 전역의 기도하는 사람들이 모여 함께 은혜를 나눌 수 있는 장소"가 되는 것이었습니다. 놀랍게도 하나님은 그 기도를 들으셨습니다. 이제 필그림하우스는 한국뿐만 아니라 일본과 중국, 동남아시아 등지에서 찾아온 크리스찬들이 함께 기도하며 머무르는 공간이 되었습니다.

최근 만들어진 영성과 묵상의 순례 공간인 필그림하우스 천로역정은 존 번연의 천로역정을 모티브로, 방문하는 이들에게 깊은 묵상과 영성 체험을 제공하는 공간입니다. 특히 천로역정 공간은 한국어, 영어, 중국어, 일본어까지 총 4개 언어로 안내 사인을 만들어 놓아, 아시아 전역에서 온 방문객들이 편안하게 이용할 수 있도록 배려하고 있습니다.

필그림하우스가 처음 만들어졌을 당시만 해도, 주말에 영성의 시간을 보내기 위해 교회를 찾거나 조용한 묵상 공간을 찾는 사람들이 많았습니다. 그러나 최근 10년 사이에 대한민국 현대인, 특히 MZ세대의 주말 사용법이 완전히 달라졌습니다.

이제 MZ세대에게 매주 주말은 여행이자 경험이며 성장입니다. 친

필그림하우스 천로역정 <출처: 필그림하우스>

5무 교회가 온다

농부시장 마르쉐@ <출처: 웹사이트>

구와 함께 전국의 맛집과 카페를 순례하기도 하고, 때로는 일본이나 중국 등 해외로 떠나기도 합니다. 단순히 놀러만 가는 것이 아니라, 서핑이나 스쿠버다이빙, 마라톤 등 취미 생활과 운동을 위한 시간으로도 사용합니다. 주말을 어떻게 사용할지를 둘러싼 경쟁이 치열해졌습니다.

농부시장 마르쉐@: 도시에서 펼쳐지는 새로운 공동체의 장

농부시장 마르쉐@에 대해 들어보셨나요? 가끔 교회 강연을 가면, 주일에 예배를 빨리 드리고, 다같이 꼭 방문을 해보시라고 하는 주말 시장입니다. 우리가 유럽의 광장에서 보던 그 로컬 시장이 한국에서도 그대로 열리고 있습니다. 그리고, 한국의 MZ세대는 주일 오전 늦으막히 일어나 '플라자'의 마르쉐@에 갑니다.

농부시장 마르쉐@는 2012년 서울 대학로 '예술가의 집'에서 처음 시작된 도심형 농부시장으로, 농부와 요리사, 수공예가들이 직접 소비자와 소통하며 자신들의 생산물과 작품을 소개하는 '대화하는 시장'을 목표로 하고 있습니다.

직접적 소통과 신뢰 – 마르쉐@에서는 농부들이 직접 소비자와 대화하며 자신들의 농산물이 어떻게 재배되었는지 이야기합니다. 이렇게 생산자와 소비자 사이에 자연스럽게 신뢰가 형성됩니다.

지속 가능한 소비 문화 – 일회용품 사용을 최소화하고, 장바구니나 개인 식기 사용을 적극 권장합니다. 마르쉐@는 단순한 시장을 넘어 지속 가능한 소비와 친환경적인 삶의 방식을 도시민들에게 제안합니다.

다양한 체험과 교육 프로그램 – 단순히 물건만 사는 것이 아니라, 요리 워크숍, 친환경 제품 체험 등 다양한 프로그램을 통해 지속 가능한 라이프스타일을 배울 수 있는 기회를 제공합니다.

마르쉐@는 도시와 농촌을 연결하고, 소규모 농부들과 젊은 농부들을 지원하며, 지속 가능한 식문화를 확산하는 사회적 플랫폼 역할을 하고 있습니다. 단순한 소비가 아니라 삶의 방식을 공유하고 공동체를 경험할 수 있는 장입니다.

교회가 동네에서 의미 있는 존재가 된다는 것

앞으로 한국은 '동네(로컬)' 중심의 사회로 변화할 것이라 예상됩니다. 대도시 중심에서 지역의 삶과 공동체 중심으로 관심이 옮겨가고 있습니다. 그렇다면, 교회는 어떻게 하면 이 로컬 중심의 시대에 다시 동네에서 의미 있는 존재가 될 수 있을까요?

> **Q7** 농부시장 마르쉐@에 다녀와 보세요.
> 주말에 행궁동/황리단길에 다녀와 보세요.

적응

- No Cross
- Team
- Popup

노 크로스

함께심는교회의 식탁 <출처: 함께심는교회>

08
No Cross

북반구 교회의 새로운 도전: 프레쉬 익스프레션즈

프레쉬 익스프레션즈(Fresh Expressions)는 2000년대 초 영국 국교회(Church of England)와 감리교회(Methodist Church)를 중심으로 시작된 새로운 형태의 교회 운동입니다. 기존의 교회를 단순히 표면적으로 꾸미는 것이 아니라, 오늘날 문화 속에서 복음을 어떻게 전달할 수 있을지 전혀 새로운 방식으로 교회를 실험하고 창조하는 선교적 운동입니다.

프레쉬 익스프레션즈는 **"기존 교회에 나오지 않는 사람들, 특히 교회에 소속된 경험이 없는 사람들을 위한 새로운 형태의 교회"** 를 목표로 합니다. 이 운동은 1990년대부터 급격히 진행된 영국 교회의 위기에서 출발했습니다. 교회 출석률은 급감했고, 특히 젊은 세대가 전통적인 교회를 빠르게 떠나갔습니다. 기존의 '건물 중심' 예배 방식과 지역사회와의 단절로 인해 교회는 현대인들에게 더 이상 매력적이지 않은 공간으로 인식되었습니다.

이러한 상황에서 영국 교회는 교회의 본질을 다시 고민했습니다. 교회는 건물이 아니라 사람이며, 사람들의 삶과 관계 속에서 존재해야 한다는 재발견이 이루어졌습니다. 프레쉬 익스프레션즈는 이와 같은 깨달음을 토대로, 변화된 시대와 문화 속에서 교회를 새롭게 표현(freshly expressed)하고자 했습니다. 핵심적인 특징은 다음과 같습니다.

선교적(Missional)입니다 – 교회가 외부인을 초대하여 모이게 하는 것이 아니라, 복음을 필요로 하는 이들이 있는 곳으로 먼저 찾아가 전도하고 관계를 맺는 것을 우선시합니다.

맥락화(Contextual)입니다 – 교회의 형태는 지역 사회의 문화와 언어, 사람들의 일상적인 삶의 방식에 자연스럽게 어우러질 수 있도록 구성됩니다.

교회적(Ecclesial)입니다 – 단순히 친교 모임이나 사교의 장이 아니라 실제로 교회 공동체로서의 정체성과 사명을 지향합니다.

형성지향(Formational)입니다 – 프레쉬 익스프레션즈는 제자도를 강조하며, 사람들의 삶 속에서 실제적인 신앙의 성숙과 성장을 추구합니다.

프레쉬 익스프레션즈의 구체적인 형태는 매우 다양합니다. 서핑을 함께 하며 예배 드리는 서퍼 처치, 스케이트보드를 즐기는 청소년들과 함께 시간을 보내며 그들의 삶 속에서 신앙을 심어가는 스케이트 파크 교회, 미술 워크숍을 통해 예술가들과 함께 성경을 묵상하는 아트 카페 교회, 함께 조깅을 하며 삶의 고민과 신앙을 나누는 런 클럽 교회와 같은 사례들이 있습니다. 그 외에도 새벽 묵상을 결합하거나, 싱글맘 등을 위한 교회까지 매우 다양한 형태로 나타납니다.

영국에서는 이미 3천 개 이상의 프레쉬 익스프레션즈가 운영되고 있으며, 2010년대 이후 유럽 전역과 북미, 아시아 등으로 확산되었습니다. 이들은 기존 교회와 병행하거나 완전히 독립적인 새로운 교회로서 자리잡고 있습니다.

이러한 프레쉬 익스프레션즈 운동은 한국 교회에 중요한 시사점을 제공합니다. 기존의 "교회에 사람을 오게 하자"는 방식에서 벗어나 "교회가 사람들에게 다가가자"는 전환이 필요함을 강조합니다. 교회는 건물과 예배당의 한계를 벗어나 카페, 공방, 공유주방, 산책길

프레쉬 익스프레션즈 <출처: 웹사이트>

등 사람들이 생활하는 다양한 장소에서 관계를 맺으며 교회를 형성할 수 있습니다.

우리는 그동안 먼저 교회를 개척하고, 그 다음에 사람들을 초대하는 방식을 취해 왔습니다. 그러나, 현대인들은 정서적인 연결이 없는 커뮤니티에 방문해서 관계를 맺는 것을 원하지 않습니다. 이에 프레쉬 익스프레션즈가 교회를 형성하는 과정은 아래의 여섯 단계로 이루어집니다.

첫 번째 단계는 경청(Listening)입니다. 지역사회 사람들의 이야기를 듣고, 그들의 실제적 욕구보다는 깊은 관계를 맺기 위한 출발점으로 삼습니다.

두 번째 단계는 사랑하고 섬기기(Loving & Serving)입니다. 공동체 안에서 신뢰를 형성하기 위해 실제적이고 구체적인 섬김을 실천합니다.

세 번째 단계는 공동체 세우기(Building Community)입니다. 섬

5무 교회가 온다

김과 관계 맺기를 통해 자연스럽게 형성된 신뢰 기반의 공동체를 세워갑니다.

네 번째 단계는 제자도 탐색(Exploring Discipleship)입니다. 공동체 안에서 성경을 나누고 신앙 생활을 함께 고민하며 제자도로 나아갑니다.

다섯 번째 단계는 교회로 형성됨(Church Taking Shape)입니다. 이 공동체는 시간이 흐르며 점차 예배, 성례전, 리더십 등 교회의 형태를 갖추게 됩니다.

마지막 단계는 재생산(Doing It Again)입니다. 한 번의 공동체 형성에서 멈추지 않고, 다른 새로운 공동체를 다시 만들어가는 지속적인 증식을 지향합니다.

이 과정의 핵심은 전통적 교회의 형태를 그대로 가져다 이식하는 것이 아니라, 공동체의 맥락 속에서 교회가 자연스럽게 출현한다는 데 있습니다. "경청 → 섬김 → 공동체 → 제자도 → 교회 → 재생산"이라는 순환 구조를 통해 지속, 유기적인 교회 형성이 이루어집니다.

이와 같은 '맥락화된 교회 생성(Contextual Church Formation)' 개념은 현대 선교학과 교회론에서 매우 중요합니다. 예수 그리스도의 복음은 보편적이지만, 교회는 언제나 지역적 맥락과 사람들의 문화적 특성에 따라 다르게 형성되어야 한다는 것입니다. 교회는 이제 이식이 아니라 그 맥락에서 자연스럽게 출현해야 합니다. 현지의 관계와 문화 속에서 **"우리가 가진 교회의 구조에 사람을 끼워 맞추는 것이 아니라, 사람과 맥락에 따라 교회가 새롭게 형성되어야 한다"**는 실천적 신학적 선언입니다.

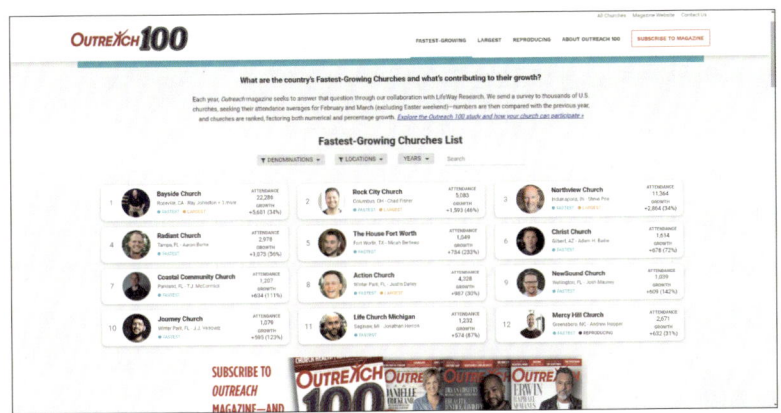

아웃리치 100 <출처: 웹사이트>

아웃리치 매거진: 지금 미국에서 성장하는 교회는?

제가 지난 10년 동안 해마다 살펴보는 미국의 크리스찬 매거진이 있습니다. 미국 콜로라도주 콜로라도스프링스에 본사를 두고 있는 아웃리치 매거진(Outreach Magazine)은 2002년에 창간된 복음주의 기독교 전문 잡지입니다. 이 잡지는 교회 성장, 선교, 제자훈련, 리더십 등 다양한 주제를 폭넓게 다루며, 교회 지도자들에게 실질적인 아이디어와 리소스를 제공하는 것을 목표로 합니다.

아웃리치 매거진의 가장 큰 특징은 특정 교단이나 교파에 치우치지 않는 비교회파적 접근(Non-denominational Approach)입니다. 이를 통해 다양한 배경과 교단의 목회자와 지도자들에게 폭넓게 읽히고 있습니다.

특히, 이 잡지가 매년 10월에 발표하는 '아웃리치 100(Outreach 100)'은 미국 교회 성장 동향을 분석하는 데 중요한 자료로 인정받고 있습니다. 아웃리치 100은 미국 전역에서 가장 빠르게 성장하는

5무 교회가 온다

교회와 가장 큰 규모의 교회를 선정해 발표하며, 교회 성장의 흐름을 파악하는 중요한 지표로 활용됩니다.

그중에서도 작년 한 해 미국에서 가장 빠르게 성장한 교회들을 모아서 발표하는 'Fast growing Church 100'은 한국과 마찬가지로 교회가 쇠퇴하는 것처럼 보이는 미국 상황에서 하나님께서 어떻게 역사하시는지 살펴볼 수 있는 매우 소중한 자료입니다.

특히나 큰 교회순으로 발표하는 Largest Church와 달리, 순전히 성장률만을 중심으로 평가하기 때문에, 작은 교회부터 큰 교회까지 우리나라 교회들이 참고할만한 자료들이 가득합니다. 놀랄만한 성장을 거듭하고 있는 미국의 교회들은 어떤 특징이 있을까요?

2024 아웃리치 선정 가장 빠르게 성장한 교회 20위

1. Union Church – theunionchurch.com
2. Shepherd Church – shepherdchurch.com
3. The Church of Eleven22 – www.coe22.com
4. Skyline Church – skylinechurch.org
5. Journey Church – journeyorl.com
6. Christ's Church of the Valley (CCV) – ccv.church
7. Nona Church – nonachurch.com
8. Water of Life Community Church – wateroflifecc.org
9. Upstate Church – fbsimpsonville.org
10. Pantano Christian Church – pantano.church
11. Mount Zion Baptist Church – mtzionnashville.org
12. Sun Valley Community Church – sunvalleycc.com
13. V1 Church – v1.church

14. Discovery Church - discoverychurch.com
15. Two Cities Church - twocitieschurch.net
16. The Life Church RVA - thelifechurchrva.org
17. Mariners Church - www.marinerschurch.org
18. The House - thehousefw.com
19. The Bridge Church - thebridgechurch.cc
20. Eagle Brook Church - eaglebrookchurch.com

애플의 키노트때 스티브잡스는 왜 양복을 입지 않았을까요?

최근 몇 년 사이, 애플을 비롯한 주요 IT기업들의 CEO와 발표자들이 공식 행사에서 더 이상 정장과 넥타이를 착용하지 않고 캐주얼한 옷차림으로 등장하고 있습니다. 스티브 잡스의 터틀넥, 마크 저커버그의 회색 티셔츠, 일론 머스크의 블랙 티셔츠와 스니커즈 등, 이들의 편안한 복장은 단순한 편의성 때문이 아니라 명확한 전략과 메시지를 담은 선택입니다.

첫째, 전통적인 양복이 주는 권위적이고 위계적인 이미지를 피하고, 친근함과 수평적 리더십을 강조하기 위해 캐주얼한 옷을 선택합니다. 정장과 넥타이는 전통적으로 권위, 격식, 질서를 상징합니다. 반면 티셔츠와 청바지는 창의성, 개방성, 공감의 메시지를 전달합니다. 이를 통해 **"나는 특별한 사람이 아니라 여러분과 같은 사람입니다."** 라는 공감과 관계 중심의 리더십을 상징적으로 보여줍니다. 둘째, 이들의 복장은 브랜드 철학과도 깊게 연관되어 있습니다. 전통적인 정장과 넥타이는 오래된 질서와 전통을 대표하는 반면, IT 기업들이 추구하는 철학은 '전통을 깨는 혁신과 자기다움'입니다. 캐주얼하고 개성 있는 복장은 브랜드의 독창성을 나타내며, 사람 자체가 브랜드가 되는 오늘날의 시대 흐름과도 잘 어울립니다.

셋째, 이러한 옷차림은 실리콘밸리에서 이미 오래 전부터 자리잡은 스타트업 문화의 영향이 큽니다. 실리콘밸리에서는 "결과가 실력이지 옷차림은 중요하지 않다."라는 분위기가 강하게 형성되어 있습니다. 창업자와 개발자들이 후디와 스니커즈를 입는 것은 곧 '현장 중심의 사고'를 표현하는 것이기도 합니다.

마지막으로, 디지털 퍼포먼스 시대의 비주얼 전략 측면에서도 캐주얼 복장이 더욱 효과적입니다. 과하게 격식 있고 포멀한 복장은 디지털 시대의 영상 콘텐츠에서는 오히려 메시지 전달에 방해가 될 수 있습니다. 단순한 옷차림은 시각적으로 전달하고자 하는 핵심 메시지와 제품에 더욱 집중하게 만듭니다.

IT기업에서 오히려 정장을 입는 것이 시대에 뒤처진 상징처럼 여겨지기도 합니다. 정장을 벗고 캐주얼 복장을 선택한 것은 단지 스타일의 변화가 아니라, 시대의 리더십 언어를 바꾼 중요한 상징적 선언이라고 할 수 있습니다.

Rock Church 담임목사 소개 페이지 <출처: 웹사이트>

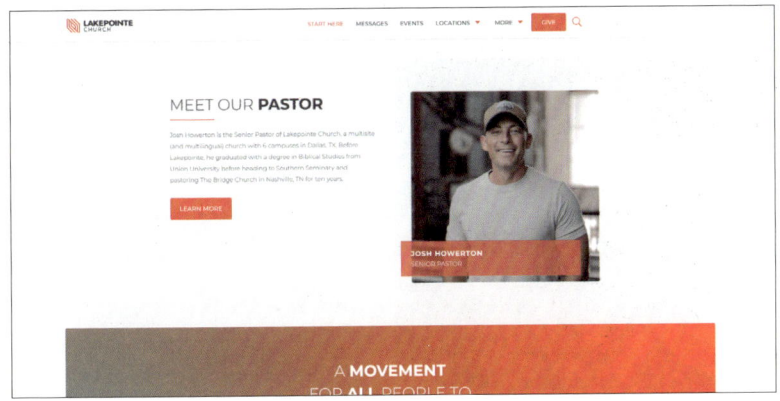

Lakepointe Church <출처: 웹사이트>

목사님들이 양복을 입지 않기 시작했습니다

최근 미국을 비롯한 전 세계에서, 특히 MZ세대와 도시 청년층이 모이는 교회들에서 목회자들이 설교 시간에 양복을 입지 않고 티셔츠, 청바지, 운동화 같은 편안한 옷을 입는 사례가 늘고 있습니다. 이것은 단순히 편의성의 문제를 넘어선 문화적, 신학적 메시지가 담긴 명확한 선택입니다.

목회자의 캐주얼 복장은 교회의 리더십이 전통적인 권위 중심의 리더십에서 관계 중심의 리더십으로 변화하고 있음을 나타내는 중요한 상징입니다. 전통적인 양복은 목회자를 '구별되고 권위 있는 사람'으로 만들어왔지만, 현대의 목회자들은 '성도들과 동행하며 함께 걷는 존재'라는 메시지를 옷차림을 통해 전달합니다. 즉, "나는 여러분과 다르지 않습니다. 함께 고민하고 믿음의 길을 함께 걷는 사람입니다."라는 메시지입니다.

캐주얼은 MZ세대가 중요하게 생각하는 '진정성(authenticity)'을 강력하게 표현합니다. 정장과 넥타이는 종종 꾸민 모습, 과도한 형

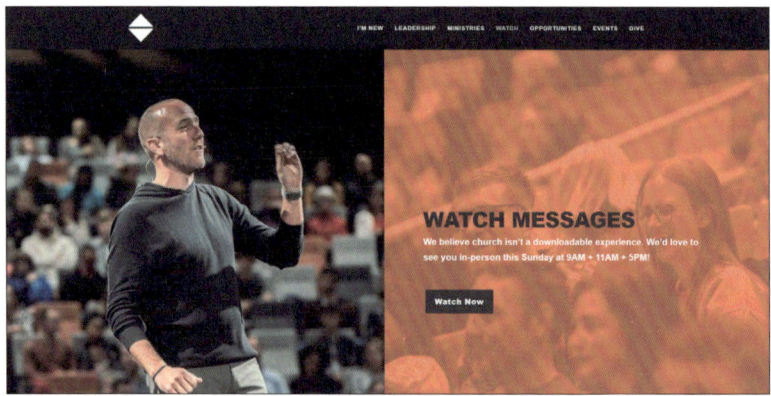

Two Cities Church/ 상단 심볼이 교회 로고 <출처: 웹사이트>

식의 상징으로 여겨집니다. 반면 티셔츠와 청바지, 스니커즈는 꾸밈없이 자연스러운 모습을 드러내며, **"있는 그대로의 당신을 환영합니다."**라는 메시지를 진정성 있게 표현하는 수단이 됩니다.

이 복장의 변화는 '성육신적 접근(Incarnational Ministry)'이라는 신학적 기반 위에서도 이해할 수 있습니다. **예수님이 인간의 몸을 입고 우리 가운데 오셨듯, 목회자들도 현대인의 문화 속으로 들어가 복음을 전하기 위해 외적 표현을 변화**시키고 있는 것입니다.

설교(Sermon)에서 메시지로

최근 미국의 많은 젊은 교회들, 특히 기존 전통을 벗어나 새로운 접근을 시도하는 교회들은 설교를 의미하는 단어로 'sermon' 대신 'message'라는 단어를 의도적으로 사용하기 시작했습니다. 웹사이트, 소셜 미디어, 유튜브 같은 디지털 채널에서도 'sermon' 대신 'message'를 선택하고 있습니다. 이런 변화가 나타난 데에는 여러 가지 이유가 있습니다.

우선 sermon이 갖고 있는 종교적이고 권위적인 느낌을 피하기 위함입니다. 전통적으로 sermon이라는 단어는 일방적으로 교훈을 전달하고 강단 위에서 가르치는 듯한 이미지로 느껴집니다. 즉, 설교자는 말하고, 청중은 듣기만 하는 수직적 관계를 떠올리게 합니다. 반면 message는 더 친근하고 대화적인 뉘앙스를 주며, 마치 나에게 전해지는 이야기나 삶에 적용되는 개인적인 메시지처럼 느껴지게 합니다. 특히 교회를 떠났거나 교회 경험이 없는 사람들에게 sermon이라는 단어는 거리감을 느끼게 할 수 있지만, message는 보다 쉽게 다가갈 수 있는 표현입니다.

현대 사회의 커뮤니케이션 트렌드에 맞추려는 전략적인 선택입니다. 오늘날 콘텐츠는 TED 강연, 유튜브 영상, 팟캐스트 등에서 보듯이 '설명'이나 '강의'보다는 메시지 중심, 스토리 중심, 공감 중심으로 변화했습니다. 교회 역시 비신자와 탈교회 경험자에게 친숙한 언어를 선택하는 것이 중요하다고 판단한 것입니다. 그 결과 'Watch Sunday's Sermon(주일 설교를 시청하세요)' 보다 'Catch This Week's Message(이번 주 메시지를 들어보세요)'라는 표현이 더 자연스럽게 다가옵니다.

Nona Church/ 별도의 심볼을 사용하지 않음 <출처: 웹사이트>

디지털 및 미디어 친화적인 표현으로서 message가 더 효과적입니다. sermon은 주로 교회 내부에서 사용하는 전통적인 표현이지만, message는 소셜 미디어, 유튜브, 팟캐스트 등 다양한 디지털 플랫폼에서 콘텐츠를 공유하기 더 적합한 단어입니다. 즉, 현대적이고 미디어 친화적인 콘텐츠 전략에 더 어울리는 단어입니다.

젊은 교회들이 '가르침'보다는 '공감'과 '나눔'을 더욱 중시하기 때문입니다. 젊은 세대는 교회가 일방적으로 성경을 가르치는 것이 아니라, 함께 삶을 고민하고 서로 공감하며 메시지를 나누는 공간이 되기를 바랍니다. '선포(preaching)'보다 '공유(sharing)'를 강조하는 것이 교회의 새로운 소통 방식으로 자리 잡았습니다.

결론적으로, sermon에서 message로 단어가 바뀌었다는 것은 단순한 표현의 변화가 아니라, 젊은 세대와 비신자, 온라인 콘텐츠 소비자와의 거리를 좁히고자 하는 교회의 커뮤니케이션 철학 자체가 변화하고 있음을 상징합니다.

로고에 십자가 없음, 우려스러운 미국 교회?

최근 미국의 많은 젊은 세대 중심 교회들, 특히 복음주의적 성향이 강한 미션얼 처치나 도시의 큰 교회에서는 로고, 무대 디자인, 웹사이트, 심지어 건물 외관에서도 십자가를 제거하거나 크게 축소하는 현상이 나타나고 있습니다. 일부 보수적 관점에서는 이러한 움직임을 몹시 우려하시지만, 이는 단순한 미적 취향의 변화나 배교의 표현이라기보다는 복합적인 신학적·문화적·선교적 전략이 맞물린 결과입니다. 그렇다면, 이러한 현상을 어떻게 이해해야 할까요?

가장 큰 이유는 **선교적 맥락화(contextualization)를 위한 전략**

2024년 아웃리치 선정 가장 빠르게 성장한 교회 1위에서 50위까지의 교회 로고를 모았다. <출처: 웹사이트>

적 선택입니다. 십자가는 기독교의 가장 핵심적인 상징이지만, 종교적 배경이 없거나 교회에서 멀어진 사람들에게는 때때로 부담스럽거나 위협적인 이미지로 다가올 수 있습니다. 특히 탈종교화와 탈교회화가 급속히 진행된 서구 사회에서 십자가는 종교적 거리감

5무 교회가 온다

elevate life church/ 상단 심볼이 교회 로고 <출처: 웹사이트>

을 만드는 장벽이 될 수 있습니다. 따라서 일부 교회는 십자가를 전면에 내세우기보다는 "먼저 공동체와 사랑의 모습으로 다가가자"는 전략을 택한 것입니다. 십자가는 여전히 메시지의 중심에 있지만, 브랜드 로고나 외관에서는 최소화하는 방향입니다.

최근 부흥하는 많은 교회는 카페, 공연장, 코워킹 스페이스처럼 보이는 외관 디자인을 채택하고 있습니다. 이는 교회의 접근성을 높이고, 누구나 편하게 들어올 수 있도록 유도하는 전략입니다. 예를 들어 라이프 처치(Life.Church), 힐송 뉴욕(Hillsong NYC) 등은 외부에서 볼 때 교회라는 느낌보다는 일반적인 문화 공간처럼 보이도록 설계되어 있습니다.

이는 신학적 변화가 아니라 '표현 방식'의 변화일 뿐입니다. 대부분의 교회는 십자가를 신학적으로 부정하는 것이 아니라, "더 큰 이야기 속에서 십자가를 표현하겠다"는 입장입니다. 즉, **로고와 외관에서 십자가를 덜 드러내는 대신, 설교, 찬양, 성례전 등 실제 신앙 활동 속에서는 더욱 강조하고 있습니다.**

현대적 디자인 감각과 미디어 전략의 변화도 한몫하고 있습니다. 디지털 시대에는 간결하고 추상적이며 미니멀한 디자인이 선호됩니다. 십자가는 자칫 진부하거나 전통적인 이미지로 인식될 수 있어, 새로운 시각 언어와 디자인 감각을 추구하는 교회들이 십자가를 대신할 상징들을 사용합니다. 예를 들어 라이프 처치는 L자를 이용한 심플한 로고를 사용하며, 모자이크 교회는 사람 중심의 추상적인 이미지를 로고로 채택했습니다.

마지막으로, 젊은 세대가 제도화된 종교 이미지에 대해 가지고 있는 반감과 관련이 있습니다. MZ세대와 도시 젊은층은 종종 십자가를 제도적 종교, 위선, 정치적 신앙의 상징으로 느끼기도 합니다. 그래서 교회들은 제도화된 종교의 상징으로서의 십자가 대신, 공동체, 사랑, 관계와 같은 복음의 가치를 먼저 전달하려고 노력합니다.

실제로 라이프 처치, 모자이크 LA, 미팅 하우스, 힐송 NYC와 같은 교회들은 시각적 브랜딩에서는 십자가를 최소화하거나 아예 제거한 반면, 복음 메시지에서는 십자가를 분명하게 강조하고 있습니다. 현대 교회들이 로고에서 십자가를 덜 강조하거나 생략하는 현상은 복음의 본질을 버리는 것이 아니라, 복음을 현대 문화에 더욱 효과적으로 전달하기 위한 전략적 '번역 과정'으로 이해하는 것이 옳습니다. 십자가는 사라지는 것이 아니라, 더 깊은 곳에서 더욱 강렬하게 이야기되고 있는 것입니다.

왜 요즘 맛집들은 간판이 작을까?

최근 들어 핫한 맛집이나 감각적인 공간일수록 간판을 작게 만들거나 아예 달지 않는 추세가 많아졌습니다. 이렇게 작고 은밀한 간판이 인기를 끄는 이유는 무엇일까요?

'아는 사람만 아는 곳'이라는 희소성 전략 – 작고 눈에 띄지 않는 간판은 마치 숨겨진 보물을 발견한 듯한 기분을 줍니다. "SNS나 지인의 입소문을 통해야만 알 수 있는 특별한 곳"이라는 느낌을 주는 것이죠. 이 과정에서 사람들은 '내가 특별한 장소를 찾았다'는 만족감과 소속감을 느끼게 됩니다. 작은 간판은 의도적으로 만들어진 '쿨함의 거리두기'인 셈입니다.

브랜드의 정체성과 감성을 담는 '미니멀 디자인' 추구 – 전통적인 큰 간판은 지나치게 상업적이고 몰개성적입니다. 로컬 맛집이나 감성 카페들은 간판마저도 공간의 컨셉, 톤앤매너, 디자인의 일부로 접근합니다. 서체, 크기, 재질, 조명까지 간판의 모든 요소를 섬세하게 조정하여 전체 공간의 분위기를 완성하는 하나의 예술 작품으로 만듭니다. 즉, 간판이 단순히 이름을 알리는 도구가 아니라 가게의 세계관을 표현하는 매체로 활용되는 것입니다.

과시보다는 내밀함과 취향을 중시하는 MZ세대 – 과거의 소비자들은 크고 유명한 가게를 선호했지만, 요즘은 조용하고, 남들에게 많이 알려지지 않은 '나만의 공간'을 찾으려 합니다. 크고 화려한 간판은 '모든 사람을 위한 곳'이라는 메시지를 주지만, 작은 간판은 '우리 취향의 사람만 알아봐 주세요'라는 선별적이고 내밀한 메시지를 전달합니다.

레스토랑은 브랜드가 아니라 '경험 공간'으로 진화 – 오늘날 사람들은 단지 음식을 먹으러 가는 것이 아니라 그 공간에서 제공하는 분위기, 음악, 인테리어, 심지어 사진을 찍는 경험까지 소비하러 방문합니다. 따라서 간판이 작거나 없으면 길 전체가 공간의 브랜딩 요소로서 강조됩니다. 건물 외관, 자연광, 내부 인테리어가 곧 간판 역할을 대신하는 것입니다.

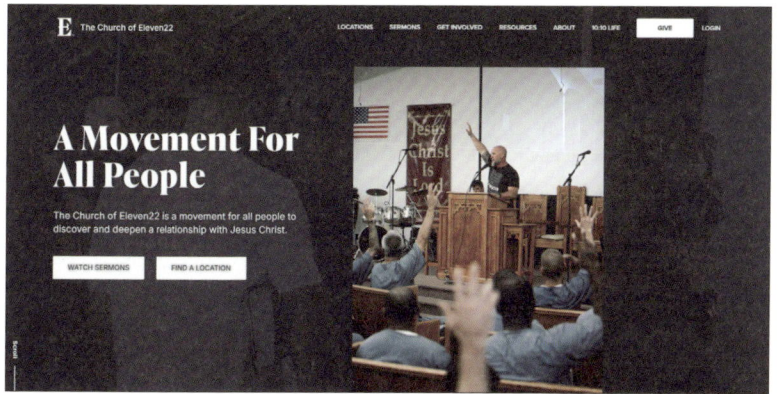

The Church of Eleven/ 건물 사진 대신 교회 문화를 드러냄 <출처: 웹사이트>

반면, 프랜차이즈는 여전히 큰 간판을 고수합니다. 이는 전국 매장이 동일하게 보이도록 하는 브랜드 통일성, 지나가는 사람들이 한눈에 알아보고 들어올 수 있는 높은 접근성, 그리고 크고 잘 보이는 간판이 신뢰감을 주기 때문입니다. 프랜차이즈는 '모두에게 열려 있음'을 강조하지만, 로컬 맛집은 '알아볼 사람만 오세요'라는 전략적 메시지를 선택하고 있습니다.

결국 간판 크기를 통해 로컬 브랜드는 희소성과 감성을, 프랜차이즈는 접근성과 인지도를 강조합니다. 우리 교회는 흔한(그렇지만 안정적인 맛을 알고 있는) 프랜차이즈처럼 보이나요? 아니면 지역에 숨겨진, 찾아가고 싶은 맛집처럼 보이나요?

가나안 교인과 디처치드

교회 밖에 있는 그리스도인들에 대해 '디처치드(dechurched)'라는 표현이 주목받고 있습니다. 디처치드란 한때 교회에 열심히 다녔지만, 지금은 교회와 멀어진 사람들을 지칭합니다. 이들은 무신론자와는 다르게 여전히 신앙에 관심을 가지고 있거나 예수 그리스도에 대한 긍정적 인식을 유지하는 경우가 많습니다. 즉, 이들은 교회 출석만 하지 않을 뿐 여전히 신앙의 길 위에 있다고 볼 수 있습니다.

미국의 경우 2023년 기준으로, **전체 기독교 인구 중 약 40%가 디처치드에 해당한다**는 연구 결과가 발표되기도 했습니다. 특히 **MZ세대, 밀레니얼 세대에서 급격히 증가하고 있습니다.**

이들이 교회를 떠난 주요 이유는 다음과 같습니다.

1. 교회의 정치화 및 사회적 보수성에 대한 실망
2. 교회 내 관계의 상처와 위선, 권위주의에 대한 불만
3. 현실의 삶과 교회 설교 사이의 간극에 대한 피로감
4. 신학적 질문과 지적 고민에 대해 교회가 무관심, 소통 부족한 점
5. 팬데믹 이후 온라인 예배로 교회 출석 필요성을 느끼지 못함

한국 교회 역시 이런 현상이 나타나고 있습니다. 한국에서는 '가나안 교인'으로 표현되기도 하는데 교회에 나가지 않는 성도를 지칭합니다. 이들은 전통적인 교회 출석 대신 온라인 예배, 개인 묵상, 소그룹 모임 등 대안적 신앙생활 방식을 택합니다.
교회는 이들을 단순히 신앙에서 떠난 사람으로 보기보다는, 기존 교회 구조에서 벗어나 새로운 방식으로 신앙을 유지하고자 하는 사람들로 이해할 필요가 있습니다. 이들에게 필요한 것은 **새로운 형태의 공동체, 신뢰할 수 있는 관계, 그리고 솔직한 질문과 답변을 나눌 수 있는 공간**입니다.

웰컴 홈: 한국 교회는 첫째 아들이 다니기 좋은 교회입니다

교회에 강의를 하러 다니다 보면, 마음이 울컥할 때가 종종 있습니다. 특히 미국에서 새롭게 부흥하는 많은 교회들의 홈페이지 첫 화

Journey Church <출처: 웹사이트>

면에 공통적으로 쓰인 글귀를 볼 때 그렇습니다. 바로 **'Welcome Home(집에 온 것을 환영합니다)'** 이라는 말입니다. 그 문구를 볼 때마다 눈시울이 붉어집니다.

한국 교회는 오랫동안 '첫째 아들'이 다니기에 참 좋은 교회였습니다. 많은 성도님들께서 성실히 신앙 생활을 하시고, 교회를 위해 열심히 헌신하며 살아왔습니다. 그리고 우리 교회에 출석하는 사람들도 첫째 아들처럼 모범적이고, 좋은 씨앗이 될 만한 사람들이기를 기대합니다. 하지만 세상에서 쥐엄 열매를 먹으며 겨우 버티고 있는 둘째 아들 같은 사람들은 어쩐지 교회에서 환영받지 못하는 느낌입니다.

우리 교회에 결혼하지 않고 동거하는 가정이 찾아와도 편하게 함께 할 수 있을까요? 문신이 많고, 세상 기준으로 봤을 때 문제 많아 보이는 친구가 와도 따뜻하게 맞아줄 수 있을까요? 제대로 된 직업이 없고, 사회적으로 조금 부족한 이웃이 공동체 생활에 어울리려고 하면 과연 기쁘게 받아줄 수 있을까요?

성경 속 아버지는 매일매일 먼 곳을 바라보며 둘째 아들을 기다립니다. 둘째 아들이 돌아오는 모습이 보이자 신발도 신지 않고 뛰어나갑니다. 최근 미국 교회에서 그런 아버지의 마음을 자주 보게 됩니다. 목사님들이 처음 신학교를 졸업하고 교회를 개척할 때는 모두가 깔끔하고 정돈된 옷차림을 하고 계셨습니다. 그런데 몇 년이 지나면서, 이 목사님들의 머리 스타일이 바뀌고 수염이 자라나기 시작했습니다. 넥타이와 양복 대신 가죽 재킷을 입고 강단에 섭니다. 더 시간이 지나자 목이나 팔에는 작은 문신도 하나둘 생겼습니다. 그들이 편해할 수 있는 모습으로, 곁에 서 있기로 작정하셨다는 것을 알게 되었습니다.

우리 교회는 개차반 둘째 아들이 다시 올 수 있는 '집'같은 교회 인가요? 혹시 그런 친구들이 안 오기를 바라는 것은 아닐까요?

The House Fort Worth <출처: 웹사이트>

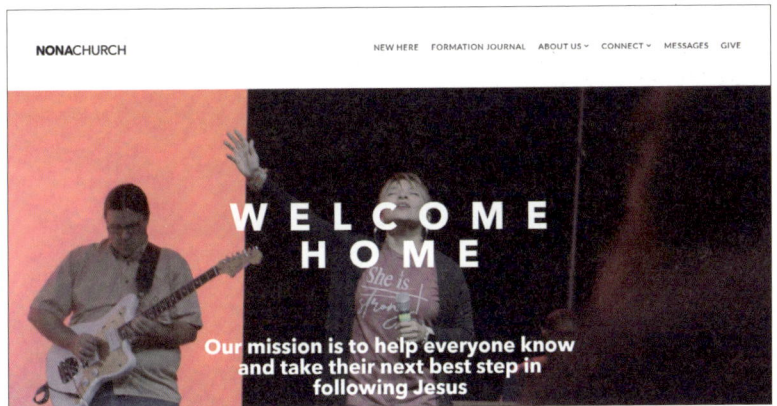

Nona Church <출처: 웹사이트>

Q8	패스트그로잉 처치 상위 20개 교회의 웹사이트를 함께 방문해서 분석해 보세요.

5무 교회가 온다

넘버스 <출처: 소울브릿지교회>

09
Team

유니세프 팀 - 요즘 NGO들은 왜 반지를 나눠줄까?

최근 글로벌 NGO들이 후원자에게 제공하는 '심벌형 굿즈'(반지, 팔찌, 뱃지 등)가 늘어나고 있습니다. 유니세프가 후원자에게 '유니세프 팀 반지'를 제공하는 것도 이와 같은 전략적, 심리적 흐름과 연결되어 있습니다. 이러한 흐름은 단순히 기념품을 넘어서서 보다 깊고 전략적인 이유를 지니고 있습니다.

심리적 소속감과 정체성 강화 – 사람들은 단지 '기부자'로 머물지 않고 자신이 속한 공동체의 일원으로 인정받고 싶어 합니다. 유니세프의 팀 반지나 월드비전의 팔찌, WWF의 뱃지 등은 "나는 이 가치를 지지하는 사람이다"라는 강력한 정체성의 시각적 표현입니다. 이런 소속감은 후원자들의 자발적인 참여와 지속적인 후원을 유도하는 효과가 있습니다.

가시적인 연대감이 만들어내는 바이럴 효과 – 반지나 팔찌와 같은 착용 가능한 굿즈는 타인의 눈에 쉽게 띕니다. 후원자가 평소에 자연스럽게 착용하는 이 굿즈를 본 사람들은 자연스럽게 궁금증을 느

유니세프 팀 <출처: 웹사이트>

5무 교회가 온다

세이브더칠드런 <출처: 웹사이트>

끼게 되고, 이것이 대화를 유발하여 새로운 후원자 유입으로까지 연결될 수 있습니다. 이는 NGO 입장에서 저비용으로 고효율의 브랜드 전파를 얻는 효과적인 방법입니다.

디지털 시대의 '물리적 상징' 복귀 현상 – 기부 문화가 점점 온라인 중심으로 이루어지면서 역설적으로 물리적인 기념품이나 굿즈의 가치가 더 높아지고 있습니다. 디지털 세계와 현실 세계를 연결하는 중요한 '터치포인트'로서의 역할을 굿즈가 하고 있는 것입니다. 가상으로 존재하는 후원을 실제 눈으로 보고 만질 수 있는 형태로 만들어주는 셈입니다.

MZ세대의 가치소비와 선한 영향력 표현 욕구 – MZ세대는 단지 돈을 기부하는 것에서 그치지 않고, 자신이 지지하는 가치를 일상에서 표현하고자 합니다. 이들은 굿즈를 통해 자신의 가치관이 라이프스타일이나 패션 아이템으로 나타나기를 원합니다. 이 때문에 굿즈들은 디자인적으로 세련되고 감성적이어서 SNS나 소셜 공유에 적합하게 만들어지는 경우가 많습니다.

브랜드화된 연대(Brand Community)의 형성 – NGO들은 이제 단순히 자선 단체가 아니라 브랜드처럼 작동합니다. 후원자들이 착용하는 반지 하나를 통해 "우리는 같은 편"이라는 정서적 연대가 형성됩니다. 이는 종교 공동체, 정당, 팬덤과 같은 강력한 소속감과 동일한 방식으로 작동합니다. 후원자들이 스스로 '팀'이라는 정체성을 느끼고, 지속 가능한 후원을 만들어 가는 동력이 됩니다.

유니세프의 팀 반지는 바로 이런 시대적 흐름과 맞닿아 있으며, 단순한 기념품이 아니라 시대의 소속감과 정체성을 표현하는 강력한 상징으로 작동하고 있는 것입니다.

Leadership에서 Team으로

미국의 젊은 교회들이 최근 들어 홈페이지의 메뉴에서 '목회자 리더십(Pastoral Leadership)' 대신 '팀(Team)'이나 '스태프(Staff)'라는 표현을 사용하고 있습니다. 단순히 이름만 바뀐 것이 아닙니다. 이 변화에는 지금 우리가 마주하고 있는 시대의 흐름과 새로운 세대의 특성이 담겨 있습니다.

Union Church <출처: 웹사이트>

Northridge Church <출처: 웹사이트>

수평적인 리더십 구조에 대한 강조 – 전통적으로 교회는 담임목사를 중심으로 하는 수직적인 리더십 구조를 유지해 왔습니다. 그러나 최근 들어, 권위적인 수직 구조에서 벗어나 더욱 협력적이고 수평적인 방식으로 공동체를 이끌어나가려는 시도가 활발히 이루어지고 있습니다. 목회자 한 사람의 권위가 아니라, 다양한 은사와 역할을 가진 여러 사람이 함께 참여하고 협력하는 '팀 중심의 리더십'이 교회 공동체 안에서 자연스러운 문화로 자리잡기 시작한 것입니다.

리더십의 방식과 전략이 달라짐 – 교회의 규모가 커지면, 한 명의 목회자가 모든 역할과 책임을 감당하는 데 한계가 생기게 됩니다. 따라서 교회가 건강하게 성장하고 안정적으로 유지되기 위해서는, 여러 명의 리더들이 협력하여 공동의 책임을 나눠 맡는 것이 더욱 효과적입니다. 많은 미국 교회가 리더십 팀을 구성하고, 서로 다른 전문성과 강점을 가진 스태프들이 팀으로 일하며 함께 책임을 지는 구조로 바뀌고 있는 이유입니다.

새로운 세대의 가치관과 소통 방식의 변화 – 이들은 권위 중심의 수직적 구조보다는 수평적이고 참여적인 문화를 선호합니다. 디지털 환경에서 자란 젊은 세대는 일방적인 지시와 위계질서에 익숙하지 않습니다. 그들은 누구나 동등한 입장에서 자유롭게 의견을 제시하고 참여할 수 있는 환경을 더 편안하게 느끼며, 교회에서도 이와 같은 분위기를 기대합니다. 그래서 이들과 친밀하게 소통하고, 공동체 안에 자연스럽게 참여하게 하기 위해서는 '팀'이나 '스태프'라는 표현이 더 적합하게 느껴질 수밖에 없는 것입니다.

『GEN Z: 디지털 네이티브의 등장』(로버타 카츠 외 저)은 미국과 영국의 Z세대를 다각도로 분석한 책으로 인류학자, 언어학자, 역사학자, 사회학자 등 다양한 분야의 전문가들이 참여하여 Z세대를 다각도로 분석한 결과물입니다. 이 책에서는 다음 세대의 특성을 아래와 같은 부분을 정확하게 짚고 있습니다. 그리고, 새롭게 부흥하는 미국 교회들이 이 특성에 화답하고 있음을 알 수 있습니다.

디지털 네이티브 - Z세대는 태어날 때부터 디지털 환경에 익숙한 첫 세대로, 온라인과 오프라인의 경계를 구분하지 않고 살아갑니다. 이들은 디지털 기술을 통해 정보를 습득하고, 관계를 형성하며, 사회적 활동을 전개합니다.

진정성과 정체성이 중요합니다 - 온라인에서의 다양한 경험을 통해 Z세대는 진정성과 진실성을 중시하게 되었습니다. 그들은 자신의 정체성을 명확히 표현하고자 하며, 출신 배경보다는 개인의 관심사와 능력을 통해 자신을 정의합니다.

5무 교회가 온다

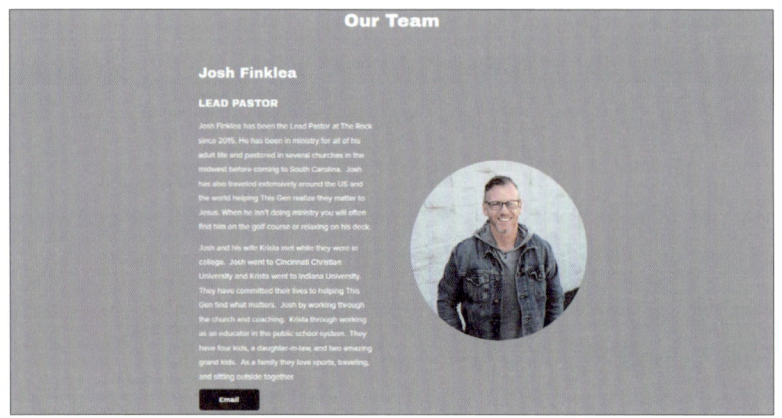

Rock Church <출처: 웹사이트>

사회적 책임감과 참여하고자 합니다 – Z세대는 기후 변화, 사회적 불평등, 인종차별 등 글로벌 이슈에 대해 높은 관심을 보이며, 이를 해결하기 위한 사회적 참여와 행동을 중요시합니다. 그들은 세상의 변화를 주도하는 데 적극적으로 나서고자 합니다.

수평적 관계와 협업입니다 – Z세대는 위계적인 구조보다는 수평적이고 협력적인 관계를 선호합니다. 그들은 팀워크와 공동의 목표 달성을 중시하며, 다양한 배경을 가진 사람들과의 협업을 통해 시너지를 창출합니다.

그리고, 이와 같은 현상은 책에서 언급한 미국과 영국 뿐 아니라, 전 세계에서 동시에 벌어지고 있는 일이며, 한국은 서구권과 거의 실시간으로 동기화가 되고 있다고 생각합니다. 추천사에서 이재흔, 대학내일20대연구소 수석연구원은 아래와 같이 이야기 했습니다.

"Z세대를 이해할 마지막 조각이 맞춰진 느낌이다. Z세대를 연구하면서 지금까지 존재했던 어떤 세대보다도 전 세계적으로 비슷한 양상을 보이는 세대라고 느껴왔다. 아마도 국가 간 경계가 없는 디지털 세상에서 성장했기 때문일 것이다. 이 책에 담긴 Z세대의 모습은 자연스레 한국 Z세대와 겹쳐 보인다. 선명한 자기 정체성을 갖고 도처에 널린 문제들을 해결해나가는 방식이 꼭 닮아 있다. Z세대를 파악하기 위해서는 보다 다각적인 접근이 필요하다."

기성 세대가 보기에는 개인의 것만 찾는 것처럼 보이는 MZ세대는 어쩌면 이기적으로만 여겨질 수도 있는 부분도 있습니다. 그러나, MZ세대는 '수평적'인 관계 안에서 협업하고자 의지가 큽니다.

요즘 가장 주목받은 경력 관리 사이트는 '링크드인'입니다. 링크드인은 이전 직장에서의 경력이 모두 표기가 되며, 거기서 했던 중요한 프로젝트들을 나열하고, 해당 프로젝트에서 어떤 역할을 감당했는지 복수의 관계자에게 확인할 수 있습니다. 개인적인 질문을 할 수도 있고, 이직이나 입사 등에 대한 정보도 있습니다. 회사에 속해 있는 사람이지만, 조직의 기계바퀴로서의 개인이 아니라, 개인의 역량을 중심으로 회사가 나열이 되기 때문에, 링크드인이 새롭게 각광받고 있습니다.

이것은 전세계 디자인 계에서 가장 중요한 포트폴리오 사이트인 '비핸스'도 마찬가지입니다. 어도비와 미국 그래픽 디자이너 협회에서 만든 비핸스에는 자신의 결과물을 올릴 수 있습니다. 그리고, 전세계 어디서나 DM을 보내서, 글로벌 프로젝트를 함께 할 수 있습니다. 저희도 카페 디자인 프로젝트에 이탈리아의 서체 디자이너와 연락해서, 아직 시판되지 않은 실험 작품 폰트를 구매해서 사용한 적이 있습니다.

큰 디자인 회사에서도 프로젝트 결과물을 비핸스에 올립니다. 그런

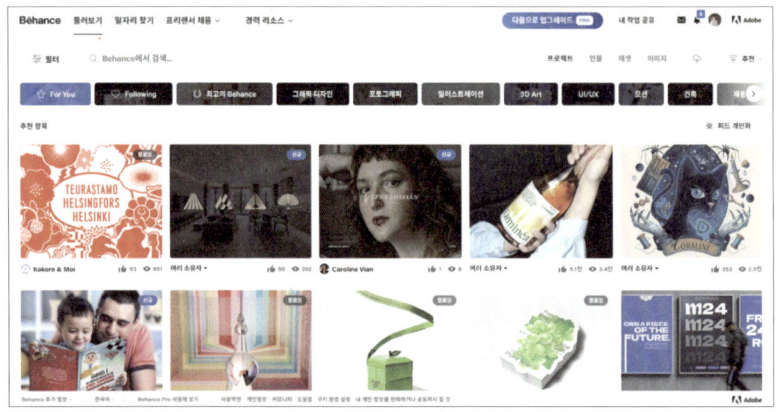

behance.net <출처: 웹사이트>

데, 예전과 다른 점이 있다면 이제는 해당 프로젝트에 참여했던 중요한 모든 사람들의 비핸스 아이디를 함께 올립니다. 아주 큰 프로젝트가 진행이 되었다면 로고 디자이너, 포토그래퍼, 카피라이터, 영상 편집, 색상 보정, 서체 디자인 등의 디자이너들이 깨알 같이 이름이 나열되어 있습니다. 심지어, 해당 이름으로 누르면 그 사람에게 바로 일을 의뢰할 수 있습니다. 기술을 기반으로, 투명하게, 수평적으로 연결됩니다. 어제는 내가 디렉터였지만, 다음 번 프로젝트는 내 밑에 있는 주니어가 디렉터 역할을 할 수도 있습니다. 그리고 그것은 차곡차곡 쌓여, 몇 년 후에는 프랑스나 미국 회사와 온라인으로 팀을 이뤄 일을 할 수도 있습니다. 실제로 그렇게 글로벌 프로젝트들이 무수히 진행되고 있는 것이 한국의 위상입니다.

캘리포니아에 있는 East Lake Church는 2024 패스트 그로잉 처치에서 21위에 오른 5,000명 정도가 모이는 교회입니다. 한 해동안 1,000명이 늘어 25%의 성장을 했습니다. 교회 웹사이트에 가보시면 사역자 소개 페이지에 'Staff'이라고 정리가 되어 있습니다. 재미있는 것은 담임목사님이 앞에 나오지 않는다는 것입니다. 이름이

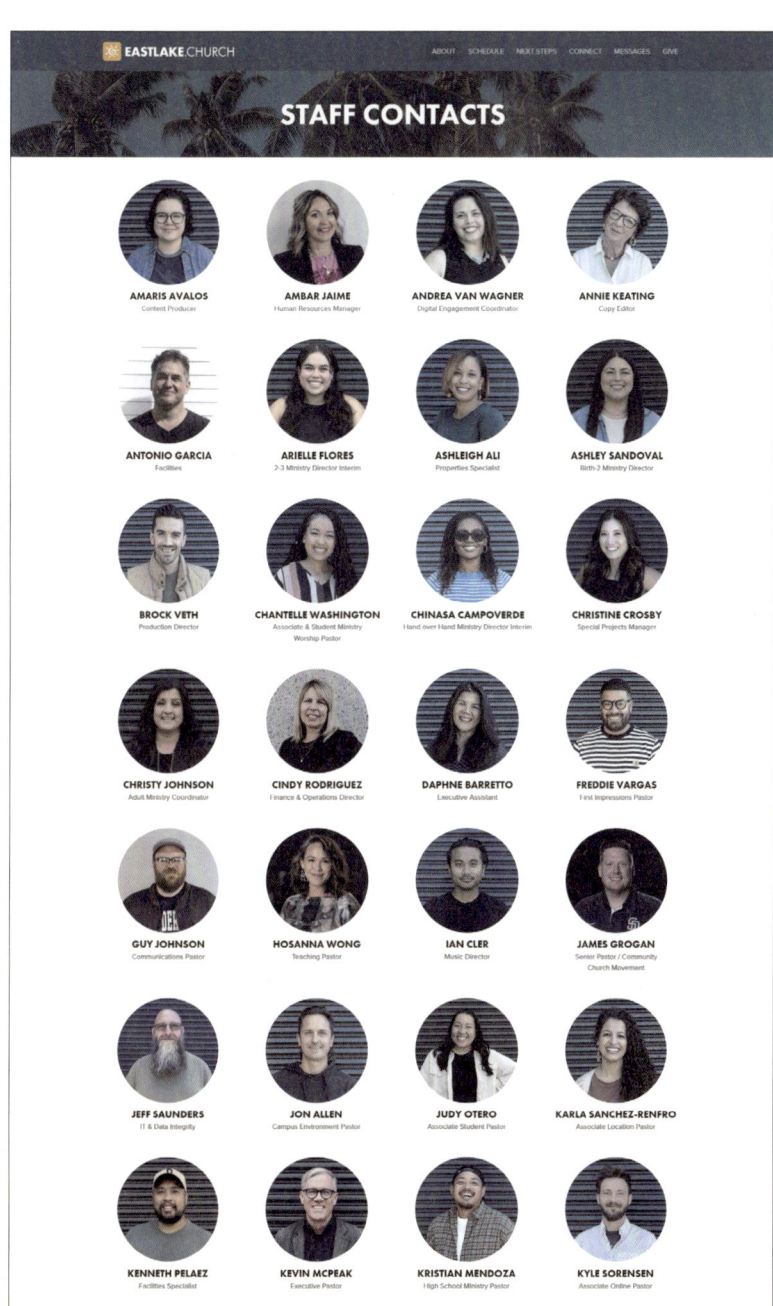

eastlake.church/staff <출처: 웹사이트>

5무 교회가 온다

알파벳 순으로 정리되어 있습니다. James Grogan 목사님은 알파벳 J에 있습니다. 한번만 출석을 해보면 담임 목사님이신 줄 알기 때문에, 어쩌면 이것은 '보여주기'라고 생각하실 수도 있습니다. 하지만, 그 '의지'도 MZ는 압니다.

아트디렉터가 있는 포드 교회

온누리교회 예배 인도자와 부목사로 16년간 사역하셨던 원유경 목사님이 2021년 서울 강남에서 개척한 포드처치(POD Church)는 'Parade Of David'의 약자로, 사무엘하 6장에서 다윗이 하나님의 법궤를 예루살렘으로 옮기는 행렬을 상징합니다. 팬데믹 기간 중 포드처치를 개척하여 1년 만에 2,000명 이상의 청년들이 모이는 교회로 성장시켰습니다. 현재는 4,000여 명의 성도가 예배에 참여하고 있습니다.

포드 처치에는 '아트 디렉터'가 있습니다. 샤넬이나 디올과 같은 패션 브랜드에서 가장 중요한 것은 '아트 디렉터'입니다. 글로벌 패션 하우스에서 아트 디렉터(Art Director)는 단순히 디자인을 담당하는 인물이 아닙니다. 아트 디렉터는 브랜드의 정체성과 가치를 시대적 맥락과 결합하여 대중에게 가장 강력하고 매력적인 방식으로 전달하는 창의성의 총 책임자입니다.

샤넬의 칼 라거펠트나 디올의 마리아 그라치아 치우리 같은 인물들은 한 브랜드의 스타일을 넘어, 그 시대의 미학과 문화를 정의하고 이끄는 역할을 맡았습니다. 아트 디렉터는 제품 디자인, 광고 캠페인, 매장 인테리어, 디지털 콘텐츠, 패션쇼와 같은 브랜드의 모든 시각적 영역을 총괄하면서, 브랜드가 대중의 기억과 욕망 속에서 지속적으로 살아 숨 쉬도록 만드는 역할을 합니다.

pod21.org <출처: 웹사이트>

패션 브랜드의 성패는 얼마나 강력하고 일관된 정체성을 고객의 마음에 심어줄 수 있는가에 달려 있습니다. 그리고 이 브랜드의 정체성을 창조하고 관리하는 핵심적인 존재가 바로 아트 디렉터입니다. 그들은 끊임없이 변화하는 세상의 감성과 트렌드를 포착하여 브랜드가 세대와 세대를 잇는 '문화적 아이콘'으로 자리 잡게 만듭니다.

'아트 디렉터'는 어쩌면 담임 목사님 밑에 있는 직위가 아닐 수도 있습니다. 설교를 담임목사님께서 책임진다면, 그 외에 교회의 시각 언어를 총괄하는 자리입니다. 담임목사님과 같은 레벨에서 책임을 져야 하는 자리입니다. 해외 교회에서 시도되는 사역의 구조들이 한국 교회에도 동일하게 요구되고 있습니다.

한 대형 교회에서 내부에 '아트 디렉터' 제도를 두고 싶어 하셨습니다. 그렇지만, 현재 그 교회는 위원회 구조로 되어 있고, 각 위원회별로 장로님들께서 계십니다. 방송실, 디자인실 등 실장이 있는데, 현재 구조로는 아트 디렉터를 두기 어렵다고 말씀드렸습니다. 의사결정 구조에 대한 변화 없이는 아트 디렉터 직무가 있더라도, 우리가 아는 기업들의 창의적인 결과물을 기대할 수 없습니다.

새신자 성경공부가 없어지고 있습니다

10여 년간 해마다 아웃리치 매거진의 'Fast growing chuch 100' 교회들을 살펴 봤습니다. 수년간 지켜보면서 가장 놀랐던 것이 세 가지가 있었습니다. 첫 번째는 교회의 로고에서 십자가가 없어지는 것, 두 번째는 담임목사님의 복장이 점점 캐주얼해지는 것, 마지막으로는 성경공부가 극단적으로 짧아지는 것이었습니다.

저는 지구촌교회 홍보기획실장으로 있으면서 셀컨퍼런스, 목장사역축제, 목회리더십연구소의 교재들을 모두 직접 디자인했습니다. 물론 필그림하우스 천로역정에서 사용하고 있는 교재들도 제 손을 거친 것입니다. 특별히 이동원 목사님께서는 좋은 교재들을 많이 만드셨기 때문에 지구촌교회는 성경공부와 함께 성장했다고 해도 과언이 아닙니다.

그런데, 미국교회를 보니 성경공부가 점점 짧아지고 있었습니다. 심지어, 정규 과정을 없애는 경우도 있었습니다. 새신자가 오면 4-8주의 교육 과정 같은 것도 없었습니다. 저니 처치의 경우에는 새신자 성경공부라는 말 대신에 'New Steps'라는 표현을 씁니다. 과정이 길지도 않습니다. Step 1에서 기본적인 내용을 배우고, Step 2로 모임에 참석해서 목사님들과 성도들과 인사합니다. 그리고 바로 Team이 되어 섬길 수 있습니다.

문턱이 너무 낮습니다. 아예 없는 것 같습니다. 성도가 7,000명 이상 모이는 코스탈 커뮤니티 처치도 3단계의 과정만을 두고 있습니다. 1단계에서는 우리 교회의 정체성(DNA)을 확인하고, 2단계에서 하나님께서 우리 교회로 나를 부르신 이유를 발견(Discover)한 후에, 드림팀이 되어 바로 섬길 수 있습니다.

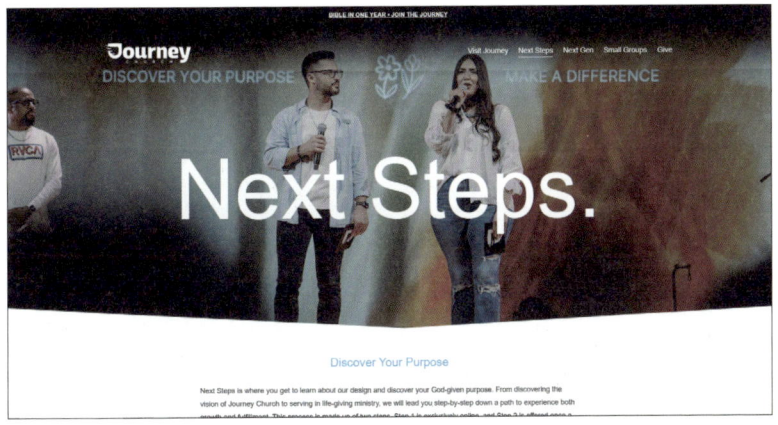

Journey Church/성경공부 대신에 Next Steps <출처: 웹사이트>

저는 이게 맞다는 것을 이해하는 데 시간이 많이 걸렸습니다. 한번도 교회의 문화를 접해보거나 성경 공부 등을 해 본적이 없는 사람들에게 전통 교회의 성경 공부는 너무 쉽거나, 난해해서 지루함을 느낍니다. 말씀에 대해 갈급함이 없는 사람들에게 성경의 이야기들은 낯설거나 나와 상관이 없는 이야기입니다. 새로운 사람들을 초대하기로 마음먹은 미국 교회는 가장 본질적인 것만을 남기고 모두 버리기로 마음을 먹었습니다.

"당신은 예수님을 진짜 알기 원합니까?"
"당신은 이곳에서 우리와 함께 걸어가면서 예수님을 발견하는 여정에 참여하길 원하십니까?"
"답이 Yes라면, 좋습니다. 이제 당신은 우리의 식구입니다."

진심을 확인하면, 그 다음은 영적인 여정을 함께 걸어갑니다.

그렇다면, 미국 교회들이 영적인 성장에는 아예 관심이 없는 것인가요? 절대 그렇지 않습니다. 오히려 더 많은 관심이 있는 것 같습니

5무 교회가 온다

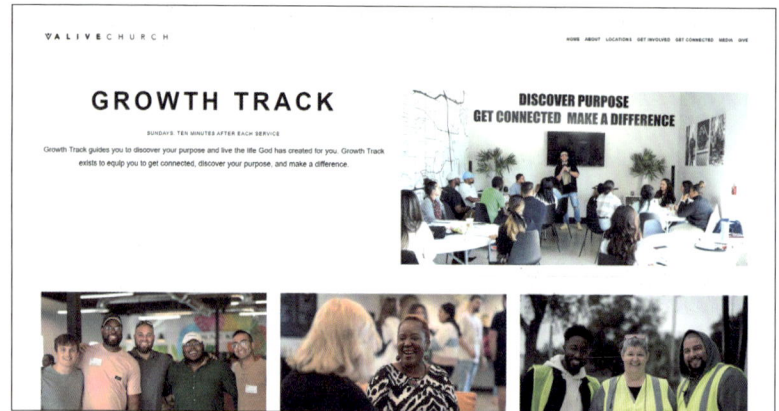

Alive Church <출처: 웹사이트>

다. 교회 안에 리더십들은 아예 이웃 신학교에서 공부를 합니다. 깊이 있게 말씀을 배우고, 돌아와 목회자가 되는 것이 아닙니다. 그냥 평신도로 교회를 섬기며 말씀을 가르치는 리더가 됩니다.

내 맘대로 만드는 구역 모임: 소그룹

주입식으로 예배 후에 한 시간씩 배우는 성경공부는 없어진 것 같습니다. 교육 수준이 어느 정도 높아지게 되면 이런 가벼운 형태의 학습은 큰 의미가 없습니다. 더구나 책의 앞부분에서 설명드린 넷플연가나 트레바리같이 고도로 발전한 커뮤니티 활동을 하던 사람들에게는 의미를 찾기 어려운 시간일 수도 있습니다. 그리고, 회심을 체험하지 못한 상태에서 처음 만나는 말씀은 낯선 다른 나라의 이야기이기도 합니다.

성경공부라는 말 대신에 'Growth Track'이라는 말을 사용합니다. 그 안에서 말씀을 배우고, 새로운 친구들을 만나고, 삶을 나눕니다. 중요한 것은 '성경공부'라는 단어의 사용이 아닐 수도 있습니다. 평생토록 처음 교회에 다녀본 적이 없는 사람이 첫 걸음을 떼어 교회 문을 열고 들어왔습니다. 어쩌면, 성경 책을 단 한번도 펴본 적이 없을 수도 있습니다. 이제부터 함께 시작하면 됩니다. 인생에 대한 정말 많은 질문이 있었습니다. 교회 안에 답이 있다고 해서 찾아 왔습니다. 함께 답을 찾아갈 수 있는 'Discovery Track'에 속하기로 마음을 먹습니다.

예전에는 사영리를 통해 복음을 전하고, 받아들인 사람들을 초대했습니다. 지금은 우선 초대해서 공동체를 만들고, 주님께서 개인의 삶에 조용히 역사해 주시기를 기도드려야 하는 시대가 되었습니다. 그래도 하나님께서 역사해 주십니다.

역사상 그 어느 때보다 높은 지적 수준을 가진 일반인들이 사회를 만들어 살아가고 있습니다. 개인의 손에는 막강한 힘을 지닌 AI 비서의 스마트폰이 모두 들려 있습니다. 각 개인은 이제 충분히 존중 받을 만한 소중한 존재들입니다. MZ는 이미 사회에서 그런 취급을 받고 있습니다. 교회에서 편의를 위해 만든 '구역' 제도가 성에 차지 않습니다. 무엇보다 내 삶을 온전히 담아내지 못하는 것이 아쉽습니다.

당신은 충분히 존중을 받을 수 있는 존재입니다. 교회 내의 과정을 이수한 후에는 내가 속할 수 있는 '그룹'을 찾아서 참여해도 되고, 직접 내가 '그룹'을 만들 수도 있습니다. 어쩌면 부목사님께서 함께 해주실 수도 있고, 아니면 다른 리더와 함께 공동으로 운영을 해도 됩니다. 자유롭게 커뮤니티를 만들거나 해산을 해도 됩니다.

리퀴드 처치는 교회 홈페이지 내에 'Group' 섹션을 두었습니다. 그곳에서 직접 그룹을 만들 수도 있고, 참여할 수도 있습니다.

liquidchurch.com/groups <출처: 웹사이트>

성도들이 마음대로 성경공부 세션을 만드는 것이 조금 부담스럽게 느껴지실 수도 있습니다. 한국교회는 신천지와 같은 이단으로 많은 어려움을 겪었기 때문에, 전통적인 의미의 '목양'이라는 단어의 뜻처럼 철 모르는 성도들을 잘 가르쳐야 한다고 생각할 수도 있습니다. 조심스럽게 제가 말씀드리고 싶은 것은 부흥하는 미국 교회와 시대적인 인사이트를 볼 때, MZ세대에게 수평적인 리더십을 이양하지 않는 교회는 결코 성장하지 못할 것이라는 것입니다.

5무 교회는 틀린 말입니다

이 책의 제목 5무(無)교회가 온다는 여러 모로 완전하지 않은 말입니다. 사실, **한국에도 이미 5무 교회가 많이 있습니다.** 이제 시작한 곳들이 많아 충분히 드러나지 않았을 뿐입니다. 그래서, 제가 마음속으로 생각했던 제목은 '5무교회가 왔다'입니다.

그런데, 또 5무교회는 5가지가 없는 교회가 아닙니다. 사실은 5가지가 '진화'한 교회라는 말이 맞을 것입니다. 십자가가 로고에서는 없어졌지만, 인스타그램이나 교회 공간에 가면 더 많이, 크게 드러나고 있습니다. 새벽 예배와 수요 예배가 없어졌지만 온오프라인을 연결하여 더 자주, 일상의 자리에서 예배를 드릴 수 있습니다. 주일 한번 드리는 예배를 영상과 찬양으로 훨씬 몰입감있게 드립니다.

성경공부와 구역모임이 없어진 것처럼 보이지만, 성도들이 중심이 되는 '소그룹'으로 진화하여 더 깊이있고 진솔한 모임이 곳곳에서 이루어 집니다. 장로님들은 대접받는 직분으로서가 아니라, 섬기는 자리에서 교회를 챙기고 있습니다. 젊은이들이 새로 개척한 교회라 아직 장로가 없지만, 어느 시점에선가 주님께서 세우실 것입니다. **5무교회는 틀린 말입니다. 어쩌면 5up교회가 맞는 표현입니다.**

eastlake.church/next-steps/growth-groups <출처: 웹사이트>

Q9 우리 교회의 새신자 프로그램을 새로 기획해 보세요.

5무 교회가 온다

팝업

나니아의옷장 <출처: 주님의숲교회>

10
Popup

성수동으로 트렌드 투어를 떠나요

평상시 들어보지 못한 이야기들이 가득해서, 보통 강의를 하면 당황하시거나 낙심하시는 경우를 봅니다. '그럼 우리 교회는 이제 어디서부터 시작해야 할까요?' '당장 크게 건물을 리모델링 할 수 없습니다.' '우리랑 너무 먼 이야기인 것 같습니다.' 저는 함께 성수동으로 탐방을 나가보자고 말씀드립니다. 여리고성으로 여호수아가 정탐을 간 것처럼 말입니다.

재건축 등을 준비중이신 교회의 담임 목사님들을 모시고 투어를 한 적이 있습니다. 지하철 2호선 성수역 앞에서 뵙자고 합니다. 그리고 가능한 대중교통으로 오시라고 말씀을 드립니다. 요즘 도시 청년들은 자차가 없는 경우도 많이 있습니다. 소위 힙플이라는 것은 대부분 기존 임대료가 저렴한 곳에 개성 넘치는 매장을 오픈한 경우가 많아, 대중교통으로 접근을 해야하는 곳이 많습니다. 이번에는 대중교통으로 함께 가보시면 좋을 것 같습니다.

제가 투어를 모시고 도는 순서대로 안내를 드려보겠습니다. 성수역에 내리셔서, 이렇게 순차적으로 살펴보시면 좋을 것 같습니다. 아래 나오는 공간 외에도 성수 곳곳에서 다양하게 열리는 팝업 공간에 들어가 보시면 좋을 것 같습니다. 시간이 3~4시간 정도 걸리기 때문에, 중간중간 카페에서 쉬시기도 하고, 사람들이 줄을 선 베이커리에서 유행하는 빵과 커피를 드셔보세요.

1. 올리브영N 성수 – CJ올리브영의 혁신 매장으로, 총 5개 층 규모의 대형 공간입니다. 각 층마다 다른 콘셉트와 디자인을 적용하여 방문객들에게 다채로운 체험을 제공합니다. 1층에는 물건을 판매하는 곳이 아니라, 팝업 공간과 카페로 구성이 되어 있습니다. 우리

올리브영 성수 N <출처: 웹사이트>

포인트 오브 뷰 <출처: 웹사이트>

딥티크 성수 <출처: 웹사이트>

교회 건물도 1층을 카페와 팝업 공간으로 비워, 동네의 청년들이 놀러올 수 있게 하면 어떨까요? 2층으로 올라가면 가장 중심이 되는 자리에 '향수' 라이브러리가 있습니다. 한국의 라이프스타일에서 가장 중요한 것이 '향수'기 때문입니다. 2층과 3층에는 MZ들의 일상을 만들어 내는 다양한 장면들을 제품과 함께 살펴보실 수 있습니다. 청년들이 관심을 갖는 것들입니다. 가시면 놀라게 되시는 것 중 하나가 외국인의 비율입니다. 주말에는 거의 절반이 외국인입니다.

2. 포인트오브뷰 성수 – 문구와 소품을 중심으로 한 편집숍으로, 각 층마다 다른 콘셉트로 구성되어 있습니다. 1층은 연필과 지우개 등 기본 문구류, 2층은 씰링왁스와 오브제, 3층은 고급 문구류를 전시합니다. 각 제품에는 큐레이션 문구가 함께 제공되어 방문객들에게 새로운 시각을 제공합니다. 생각보다 고가의 제품이 많아 목사님들이나 선교사님들께서 놀라십니다. 스스로를 '어른들의 놀이터'로 정의하는 포인트오브뷰는 우리가 살고 싶어하는 '멋진 삶'의 반영입니다. 교회에서 선물을 하실 때, 여기에 있는 것보다 저렴한 것을 하면 그냥 '버린다'고 말씀을 드립니다. 물건이 넘쳐나는 세상에서, 집에 두고 싶은 것은 내 취향을 온전히 반영한 것 뿐입니다.

3. 딥티크 성수 – 2025년 4월. 프랑스 니치 향수 '딥티크'가 가로수길에 이어 성수동에 2번째 스토어를 열었습니다. 한눈에 딥티크 매장임을 알아볼 수 있는 외관은 '잭과 콩나무'를 연상시키는 콩줄기 하나가 매장 내부로부터 뻗어 나와 벽을 타고 올라가는 형상을 연출하고 있습니다. 프랑스 현지에서 직접 공수한 모자이크 타일 장식이 존재감을 더해줍니다. 매장 중심에는 프랑스 유명 세공 장인이 작업한 거대한 콩나무 장식이 자리잡고 있습니다. '상탈' 캔들을 한번 시향해 보시길 권해 드립니다. '샌달우드'인 상탈은 성경에서 '백단'향으로 성전을 건설할 때, 성전 난간 재료가 된 나무입니다.

디올 성수 <출처: 웹사이트>

템버린즈 성수 <출처: 웹사이트>

르라보 성수 <출처: 웹사이트>

4. 디올 성수 – 디올이 청담동 메종에 이어 두번째로 컨셉 스토어를 성수동에 열었습니다. 이 건물의 압권은 '가건물'이라는 것입니다. 주차장 부지에 만들어진 팝업 스토어입니다. 어느 시점에선가 홀가분하게 철거한 후, 다른 곳으로 이동할 수도 있는 팝업을 보기 위해 세계에서 사람들이 모여듭니다. 인증샷을 찍는 MZ세대를 보실 수 있습니다. 프랑스 파리의 디올 건물을 현대적으로 재해석해 설계는 한국/프랑스에서 활동하는 건축가 다비드 피에르 잘리콩이 했습니다. 금속과 유리로 이루어진 전체에 빛이 투영되어 환상적인 이미지를 연출하며, 디올의 헤리티지를 담은 정원이 조성되어 있습니다.

5. 탬버린즈 성수 – 디올 성수 맞은 편에 한국의 향수 브랜드 '탬버린즈'가 있습니다. 글로벌 럭셔리 브랜드로 화려함을 가진 '디올'을 마주하고도 전혀 주눅이 들지 않습니다. 더 강렬한 인상을 줍니다. 3층 건물을 통으로 버렸습니다. 3개 층을 골조만 남겨서 파사드로 만들고, 투명 유리로 아래가 다 보이도록 처리하여 지하 1층만 브랜드 전시공간으로 사용하고 있습니다.

공간에 대한 깊은 이해를 하고 있는 MZ세대에게 한국의 교회 건물은 고루하게 느껴질 때가 종종 있습니다. 공간에 대한 이해나 공간을 사용하는 방식도 2000년대 초에서 크게 발전하지 못했습니다.

6. 르라보 성수 – 2006년 뉴욕의 맨하탄에서 출발한 르라보는 '실험실'이라는 이름의 컨셉에 맞게 과감하고 매우 현대적인 감각의 향수들을 출시하면서 세계적인 인기를 얻었습니다. 수백년동안 이어진 조향방식에 대한 과감한 해석으로 오직 13가지 향료로만 조향한 '어나더13'같은 향수는 한국에서 정말 큰 사랑을 받는 향입니다.

르라보 성수에서 '상탈33'을 시향해 보세요. 아까 말씀드린 성경의

5무 교회가 온다

대림창고 <출처: 웹사이트>

무신사 성수@대림창고 <출처: 웹사이트>

키스 서울 <출처: 웹사이트>

'백단향'입니다. 솔로몬의 성전을 머릿 속에 그려보세요. 제가 향을 해야겠다고 마음 먹게 된 계기는 세상 사람들은 성경 속 온갖 향을 뿌리고 다니는데, 정작 교회 안에는 향이 없다는 점 때문입니다.

7. 대림창고 – 성수동의 대표적인 복합문화공간인 대림창고는 1970년대에 지어진 정미소 건물을 리모델링하여, 과거 산업 유산을 현대적인 감성으로 재해석한 공간입니다. 벌써 오픈한 지 10년이 넘었고, 처음에는 패션쇼와 신차 전시회와 다양한 문화 활동으로 성수동 부흥의 중심 축 역할을 했습니다. 붉은 벽돌 외관과 박공지붕, 철제 기둥 등 원형을 최대한 보존하면서도, 내부는 갤러리와 카페로 구성되어 예술과 커뮤니티가 공존하는 장소로 탈바꿈했습니다. 우리 교회가 일부 공간을 이런 모양으로 바꿀 수 있다면, 지역의 젊은이들이 모이는 사랑방 역할을 할 수 있을 것입니다.

8. 무신사 성수@대림창고 – 2024년 9월, 무신사는 이 대림창고에 '무신사 스토어 성수@대림창고'를 오픈하며, 전통과 현대, 산업과 패션이 어우러지는 새로운 쇼핑 문화를 제시했습니다. 약 213평 규모의 공간은 팝업 존, 숍인숍, 스니커즈 존 등으로 구성되어 있으며, 전체 상품 중 약 85%가 국내 브랜드로, 신진 디자이너들의 작품을 중심으로 큐레이션되어 있습니다. 계단식 구조로 설계되어 방문객들이 산책하듯 쇼핑을 즐길 수 있도록 구성되었습니다. QR코드를 통해 무신사 앱과 실시간 연동되어 온·오프라인 쇼핑 경험이 일체화되어 있습니다.

9. 키스 성수 – 글로벌 패션 브랜드 키스(KITH)의 한국 첫 매장으로, 성수동의 붉은 벽돌 건축물과 조화를 이루는 외관이 특징입니다. 키스는 뉴욕에서 정말 사랑을 받는 편집샵입니다. 뉴욕을 옮겨다 놓은 것 같은 내부 인테리어와 정말 감각적인 키스의 각종 제품

LCDC 서울 <출처: 웹사이트>

아모레 성수 <출처: 웹사이트>

어니언 성수 <출처: 패브리커>

들을 살펴보시면 좋을 것 같습니다.

10. LCDC 서울 – SJ 그룹에서 야심차게 성수동에 만든 미래형 복합 문화 공간입니다. 기존 건물의 구조를 살리면서도 현대적인 디자인을 접목시킨 것이 특징입니다. 교회 리모델링을 고민하고 계시는 분들에게 자주 추천하는 곳입니다. 처음 오픈을 했을 때 건물 전체의 컨셉이 '여행'과 '편지'여서 1층 카페에는 전세계에서 모은 관련 소품이 가득합니다. MZ세대가 스토리텔링의 밀도에 얼마나 관심이 있는지 살펴보시라고 꼭 추천하고 있습니다. 2층에는 자사의 편집샵이 입점해 있으며, 3층에는 외부의 다양한 스몰 브랜드들이 입점해 있습니다. 우리 교회 1층을 편집샵으로 사용해 보면 어떨까요?

11. 아모레 성수 – 아모레에서 성수에 MZ 들을 위한 놀이터를 만들었습니다. 3,000종 이상의 아모레 전 제품을 만나볼 수 있는 공간입니다. 처음에는 그냥 놀이터로 제품을 판매하지 않았으나, 지금은 물건을 구매할 수 있습니다. 입구에서 '체크인'을 합니다. 그러면, 나갈 때 선물을 받아서 가실 수 있습니다. 미리 신청하시면 무료 메이크업을 받아보실 수 있으며, 자신의 얼굴 톤을 파악할 수 있는 프로그램 등을 운영하고 있습니다. 건물 중앙에는 물이 흐르는 중정이 있습니다. 도시 생활에서 갈수록 좁아지는 개인의 공간 때문에 MZ세대는 휴식이 있는 녹색 공간에 대한 끌림이 있습니다. 요즘 새로 생기는 카페들이 정원 등을 추가하는 이유입니다.

12. 어니언 성수 – 오래된 공장을 개조한 카페로, 내외부의 경계를 허물며 다양한 공간을 제공합니다. 넓은 중정과 2층으로 열린 공간, 좁은 계단 아래로 펼쳐진 숨은 공간들이 조화를 이루며, 방문객들에게 독특한 경험을 선사합니다. 다 헐어진 건물처럼 보이지만 현대적으로 다듬은 천장이나, 콘트리트 탁자 등의 디자인이 마치 브룩

클린에 빈티지한 커피 숍에 방문한 것 같은 경험을 줍니다. 지금도 방문객의 상당수가 외국인 관광객입니다. 몇년 전에는 어니언 성수의 '빵도르'라는 빵을 먹는 장면을 인스타그램에 올리는 챌린지가 동남아에서 크게 유행을 하기도 했습니다.

이제 성수동을 둥글게 빙 돌아, 다시 성수역 앞입니다. 아래와 같은 질문들을 함께 나눠 보시면 좋을 거 같습니다. 제가 모시고 다녔던 목사님들께서는 건물에 왜 대리석 같은 고급 마감이 없냐는 질문을 하시기도 했고, 말없이 깊은 생각에 빠지신 경우가 많았습니다.

- 왜 이렇게 향기 매장이 많을까요?
- 건물에 왜 대리석 같은 마감재 대신 기존 건물을 분위기를 살리는 방향을 택했을까요?
- 이 많은 젊은이들은 도대체 어디서 오는 걸까요?
- 팝업 매장이 많은 이유는 무엇일까요?
- 팝업에서는 어떤 경험을 할 수 있나요?

어떤 공간을 만들어야 하나요? 듀오링고 뉴욕 오피스

2024년 가을, 국제적인 언어학습 프로그램인 '듀오링고'는 재택근무에서 다시 사무실로 직원들을 초대하면서 모두가 일하고 싶어 하는 곳을 실제로 구현했습니다. 그리고, 이와 같은 구성이 앞으로 교회가 동네에서 만들어가야 할 근사한 그림이라고 생각합니다.

여러모로 듀오링고(Duolingo)의 새로운 뉴욕 사옥은 일반적인 사무실처럼 보이지 않습니다. 로비 대신 앱 캐릭터 디지털 페인팅으로 전시한 화이트 월 아트 갤러리가 있고, 중앙에는 부엉이 마스코트인 '듀오(Duo)'의 조각상이 높이 세워져 있습니다.

Inside Duolingo's stunning new NYC office <출처: fastcompany.com>

갤러리를 지나면 에메랄드색의 벤치와 천장으로부터 샹들리에처럼 늘어진 수십 개의 식물이 돋보이는 미니멀한 커피 바가 나타납니다. 위층에는 조용한 대학 도서관과 비슷한 느낌의 열람실이 있으며, 공부나 업무에 집중할 수 있도록 주변 방해를 차단하는 칸막이 책상이 놓여 있습니다. 물론 다양한 크기의 회의실, 전화 부스, 책상 공간도 충분히 마련되어 있습니다.

듀오링고의 관점에서 포용적인 업무 환경은 직원들의 신경다양성(neurodiversity)을 수용하는 데서부터 시작합니다. 이를 위해 회사는 Rapt Studio와 협력하여 감각적 경험을 중심으로 한 오피스를

5무 교회가 온다

설계했습니다. Rapt Studio의 최고 크리에이티브 책임자 데이비드 갈룰로(David Galullo)는 "팬데믹 이전과 그 이후로 사무실이 더 이상 모든 사람에게 동일하게 맞춰진 공간이 될 수 없다는 점을 인식하는 것이 중요해졌다"며, "같은 업무를 하는 두 사람이라도 각자 최적의 환경이 완전히 다를 수 있다"고 말합니다.

듀오링고의 사무실에서 직원들이 사용할 수 있는 다양한 공간은 그 분위기와 특성이 뚜렷이 구분됩니다. 앞서 언급된 도서관처럼 매우 조용한 공간도 있고, 넓은 부스 좌석과 유리벽을 갖춘 미드센추리 스타일 식당처럼 에너지가 넘치는 공간도 있습니다. 3~4명이 원격으로 다른 사무실과 회의를 할 수 있는 회의실부터, 긴 시간의 대면 브레인스토밍을 위한 편안한 라운지 공간까지 다양하게 구성되어 있습니다. 조명이 어두운 복도 구석의 휴식 공간도 있고, 자연광이 가득한 책상도 있습니다.

새로운 업무 방식을 공간에 적용하는 것에 대해서 갈룰로는 "단지 공간을 디자인하는 것이 아니라 개인의 일상적 루틴과 의식을 중심으로 설계했다"며, "사람들이 어떻게 다르게 업무에 몰입하는지를 고민하는 것이, 사무실에 탁구대를 몇 개 설치할지보다 훨씬 더 흥미로운 접근법"이라고 말합니다. 신경다양성을 고려하여 업무 공간을 설계한 중요한 이유 중 하나는 뛰어난 인재를 유치하기 위함이었습니다. UC버클리, 스탠퍼드, 카네기 멜론 등 듀오링고가 인재를 영입하는 주요 대학들이 이미 캠퍼스에서 이러한 다양한 공간을 운영하고 있기에, 듀오링고 역시 그러한 흐름을 미리 따라가는 것이 중요하다고 데블린은 생각합니다.

그는 **"새로운 세대의 인재들은 대학 캠퍼스에서 이런 공간들에 익숙해져 있다"**며, "우리가 그런 선택권을 제공하지 못한다면 그들이 왜 우리 회사를 선택하겠는가? 그들은 공간의 다양성을 제공하는 회사로 갈 것"이라고 말합니다.

우리 교회는 언제 리브랜딩했나요?

보통 기업들은 10년을 전후로 미세하게 리브랜딩을 합니다. 10년이면 강산이 변한다는 말이 있습니다. 우리가 만들어 내는 대부분의 시각적인 결과물들은 시대적인 분위기를 반영합니다. 그래서 시간이 지나면, 조금씩 오래된 느낌이 들게 됩니다. 그래서 브랜드를 더 젊게 만드는 '리브랜딩'이라는 것을 합니다.

리브랜딩(Rebranding)이란, 브랜드가 가진 기존의 이미지와 정체성을 새롭게 정의하고 변화시키는 과정입니다. 단순히 로고나 디자인을 바꾸는 것이 아니라, 브랜드가 추구하는 가치와 목적, 우리가 만나고 싶은 사람들(타겟)의 변화에 맞춘 메시지의 재구성, 시대의 흐름에 맞는 시각적 요소의 현대화 등을 포함한 종합적인 브랜드 재창조 작업입니다.

만약에 교회라면 핵심 메시지와 비전을 명확히 하고, 새로운 세대의 문화와 소통방식을 반영하여 예배 형식, 공간 구성, 커뮤니케이션 방식 등 교회의 모든 표현 방식을 시대에 맞게 재설정하는 것을 뜻합니다. 즉, 리브랜딩은 단지 겉모습만 바꾸는 것이 아니라, 브랜드(교회)의 근본적인 정체성과 방향을 현대적이고 효과적으로 재정립하는 전략적 과정입니다.

특히나 저희가 교회 브랜딩을 하면서 디자인 관련하여 요청을 드리는 것들이 있습니다. 가장 중요한 것은 팬데믹 이전에 찍은 사진은 가능한 교회 홍보물이나 홈페이지에 쓰지 마시라는 것입니다. 팬데믹은 디자인의 분위기를 우리가 매일 보는 '릴스'와 '쇼츠' 형식으로 확 바꾸었습니다. 그래서 한 사람을 강조하는 사진이 요즘은 선호됩니다. 2021년 이전 사진들은 가능한 작게 사용하거나, 아예 사진을 새로 찍자고 늘 강조드리고 있습니다.

교회에 오는 새신자 영상에서 긴 건물 소개 부분을 빼자고 말씀드립니다. 건축 과정 등의 영상은 크게 헌신하신 성도님들께는 은혜이자 자랑거리입니다. 그러나 좁은 집이나 원룸 생활을 하고 있는 MZ세대, 교회 경험이 없는 사람들에게 간혹 부담스러운 자랑거리로 다가오게 됩니다. 심하면 이걸 유지하려면 내가 헌금을 얼마나 해야 하나? 라는 현실적으로 계산기를 두드리는 사람도 있습니다. 생각해 보면 교회가 언제 건물이었나요?

이제 교회는 스스로 물어야 합니다. 우리가 여전히 30년 전, 20년 전, 아니 어쩌면 10년 전과 똑같은 모습으로 머물러 있는 이유가 무엇인지 말입니다.

리브랜딩이란 로고 몇 개 바꾸고 예쁜 웹사이트를 만드는 일이 아닙니다. 예배당 입구에 붙이는 현수막 하나 새롭게 디자인한다고 해서 끝나는 것이 아닙니다. 리브랜딩이란 교회의 본질을 유지하면서도 이 시대가 이해할 수 있는 언어와 감각으로 우리를 다시 정의하는 과정입니다. 그 과정은 고통스러울 수도 있습니다. 하지만 그 고통을 거치지 않으면 교회는 다음 세대와 소통할 수 없습니다.

더 이상 젊은이들은 전단지나 안내 책자를 보고 교회에 오지 않습니다. 그들은 교회가 어떤 비전을 품고 있는지, 사회와 지역 공동체를 위해 무엇을 하고 있는지, 성도들이 어떤 가치관과 라이프스타일을 가지고 살아가는지를 먼저 봅니다. 그 모든 것이 '브랜드'입니다.

오래된 명소에서 젊은이가 모이는 교회로: 런던 해크니 교회

오래된 동네 교회는 어떻게 리브랜딩해야 할까요? 저는 영국 런던의 한 교회에서 답을 찾았습니다. Hackney Church는 런던 동부 해크니에 위치한 성공회 교회로, 전통적인 예배 공간을 넘어 지역 사회와 창의성을 아우르는 '창의성의 대성당(Cathedral of Creativity)'으로 자리매김하고 있습니다. 이러한 변화를 반영하기 위해 디자인 스튜디오 OMSE와 협력하여 몇 년에 걸쳐 진행된 리브랜딩은 교회의 정체성과 활동을 시각적으로 통합하고 현대화하는 데 중점을 두었습니다.

Hackney Church는 예배당뿐만 아니라 공연장, 양봉장, 자선단체, 브루어리 등 다양한 기능을 수행하고 있습니다. 이러한 다채로운 활동을 하나의 통합된 브랜드로 표현할 필요성이 있었습니다. 이 리브랜딩 프로젝트는 2021년 D&AD 어워드에서 우드 펜슬(Wood Pencil)을 수상하며 디자인 업계에서 인정받았습니다.

지역 사회와의 연결 강화 – "For the People of East London"이라는 슬로건 아래, 지역 주민들의 사진과 이야기를 담은 캠페인을 통해 교회와 지역 사회 간의 유대감을 강화했습니다.

현대적이고 포용적인 이미지 구축 – 전통적인 종교 상징을 현대적으로 재해석하여, 다양한 배경을 가진 사람들이 교회에 접근하기 쉽도록 했습니다.

다채로운 색상과 그래픽 – 전통적인 종교 색상에서 벗어나 오렌지, 파스텔 톤 등의 현대적인 색상을 사용하여 친근하고 세련된 이미지를 전달했습니다. 맞춤형 일러스트레이션은 어린이 프로그램과 가

5무 교회가 온다

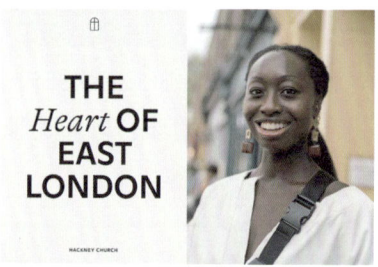

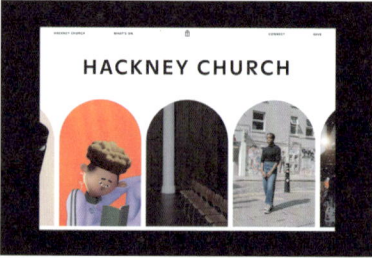

Hackney Church Rebranding <출처: www.omse.co>

족 프로그램을 위해 각각의 대상에 맞는 일러스트레이션을 개발하여, 다양한 연령대와 관심사를 가진 사람들이 교회 활동에 참여할 수 있도록 유도했습니다.

로고에서 십자가를 빼다: 비홀드 교회

최왕락 목사님께서 시무하시는 비홀드 교회는 2023년 선한목자교회에서 분립해 청년 세대를 위한 교회로 설립되었습니다. 비홀드 교회는 마태복음 28장 20절 "볼지어다(Behold), 내가 세상 끝날까지 너희와 항상 함께 있으리라"는 말씀을 기반으로 세워졌습니다. 교회를 다녀본 적이 없는 젊은 세대를 초대하기 위해 선교적 교회의 모델을 일부 차용하여 비주얼 커뮤니케이션을 전개했습니다.

청년들의 역동적이고 감각적인 분위기에 대응하기 위하여 강렬한 산쉐리프 서체를 심볼 겸 워드마크로 사용하고 있으며, Copyrights 표시인 (C) 마크를 Church의 줄임말로 제안하고 있습니다.

인스타그램 키워드는 MZ세대가 고민하고 답을 얻고 싶어하는 부분에 대해 깊이 고민하며 제안되었습니다. 새로운 친구를 만날 수 있는 교회, 지지해 주는 공동체가 있는 교회, 함께 예수님에 대해 알아갈 수 있는 교회라는 스토리가 녹아 있습니다.

팝업 처치

성수동이 아시아 MZ세대를 불러모으는 곳이 된 데는 '팝업 스토어'의 영향이 컸습니다. 엄청난 브랜드들이 성수동에서 2-4주짜리 단기로 매장을 여는 '팝업 스토어'를 무수히 열었고, 그중 상당수의 브랜드들은 팝업 스토어 자리에 정식으로 쇼룸을 오픈했습니다.

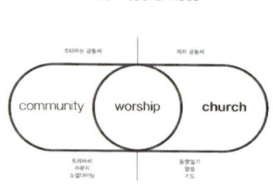

Behold Church Branding <출처: 비홀드교회, 인권앤파트너스>

주말에 꼭 성수동을 한 번 들러보시기를 권합니다. 길을 가다보면 줄을 길게 선 가게들이 있습니다. 십중 팔구 유명한 팝업이 진행되고 있습니다. 이런 팝업의 특징은 미리 신청을 하거나, 대기를 한 후에 입장을 하면, 꽤 고가의 선물을 주는 이벤트가 많다는 것입니다. 화장품이나 키링, 다양한 굿즈 등을 뽑기나 맞추기 등을 통해 받을 수 있습니다.

토요일에 외출 준비를 합니다. 한시간이 금방 지나갑니다. 대중교통으로 한시간 정도 타고 와서 성수동에 내립니다. 친구와 올리브영 성수 N을 들렀다가, 몇군데 팝업을 구경하고, 성수 감자탕에서 식사를 합니다. 잠시 카페에서 쉬기도 합니다. 6-7시간이라 집에 있으면, 넷플릭스에서 보고 싶은 드라마의 한 시즌을 '정주행'할 수 있습니다.

그래서 기업들은 MZ세대에게 자신을 알리기 위해 엄청난 비용을 성수동에 쏟아 부어 팝업 공간을 만듭니다. 그냥 화려한 것이 아니라, 그 안에서는 정교하게 만들어진 브랜드의 서사와 고밀도의 경험이 담겨 있습니다. 큰 인기를 얻고 있는 팝업 공간을 보시면 아래와 같은 특징이 있는 것을 배우실 수 있습니다. 저는 교회가 만들어야 하는 공간의 비밀이라고 생각합니다. 이 이야기는 두 번째 책에서 더 자세히 다뤄 보겠습니다.

1. 낯설고 새로운 공간 / 2. 높은 밀도 / 3. 스토리텔링 / 4. 환대 / 5. 미션과 참여

Q10	지하철을 이용해서 성수동 비전 트립 (트렌드 사파리)를 다녀와 보세요.

5무 교회가 온다

여정

온라인 예배중 <출처: 로그인 처치>

마치며,
Journey

사람들의 활동을 여정이라고 부릅니다

그동안 기업에서는 마케팅 활동을 할 때, 퍼널(깔대기)라는 개념으로 사람들을 봐 왔습니다. 오랫동안 마케팅에서 사용되던 과거의 퍼널(깔때기) 개념은 고객을 일방적으로 단계별로 통제 가능한 대상으로 생각했습니다. 관심 → 인지 → 고려 → 구매로 이어지는 일방적인 단계로 고객을 단순화했습니다. 그러나 오늘날의 고객은 이제 그 단순한 흐름을 따라 움직이지 않습니다. 소셜미디어, 리뷰, 인플루언서, 친구의 추천 등 다양한 경로를 오가며 정보를 얻습니다.

그래서 MZ세대는 즉시 물건을 구매하거나 어느 장소를 방문하지 않습니다. 미리 블로그와 제품의 상세페이지, 상세페이지 하단에 있는 실제 구매자의 리뷰를 확인합니다. 유튜브에서 동영상의 장소의 분위기나 물건의 상태들을 입체적으로 살핍니다.

여러 정보를 종합적으로 취득한 후에야 물건을 구매하거나, 장소에 방문합니다. 그 과정에서 사진이나 동영상을 찍고, 집에 돌아와서는 블로그와 인스타그램에 그 내용을 기록으로 남깁니다.

간혹 블로그를 보다보면 엄청난 양의 사진이 올라가 있는 게시물을 볼 수 있습니다. 특히나 MZ세대의 블로그에서 많이 보실 수 있는데, 이처럼 많은 사진을 한꺼번에 올리는 것을 '포토덤프'라고 이야기합니다. 인스타그램이 각본처럼 잘 짜여진 1장의 사진이라면, 포토덤프로 올리는 사진들은 가공되지 않은 나의 진솔한 일상입니다. 여기에 일상 여정이 아카이빙되고, 친한 친구들과 공유됩니다.

한번 사는 행동이 아니라, 긴 시간에 걸친 인터렉션이 발생하는 것을 보게 되면서 '여정(Journey)'이라는 개념이 주목 받기 시작했습니다. 고객이 제품이나 브랜드와 상호작용하는 다양한 순간과 접점을 입체적으로 이해합니다. 고객은 자신의 필요와 맥락에 따라 자유롭게 움직이며, 브랜드와 복잡한 관계를 형성합니다. 브랜드는 그 여정 속에 자연스럽게 함께 하는 존재가 되어야 합니다.

이제 고객 여정은 현대의 서비스 활동에서 필수적인 개념입니다. 쿠팡에서 밀어서 결제하기 버튼을 사용할 때. 유튜브에서 빨리 넘기기를 할 때. 네이버 페이 포인트를 사용할 때. 일상에서 만나는 모든 순간이 '고객 여정'이라는 관점에서 설계된 것입니다.

특히 퍼널은 주로 구매(전환)를 목표로 단계가 설정된다면, 여정은 고객이 느끼는 경험과 감정, 관계에 초점을 맞추어, 단순히 제품을 파는 것이 아니라 고객과 깊은 관계를 맺고 공감을 이끌어내는 것을 목표로 합니다.

교회 역시 성도들의 신앙생활을 일방적이고 단계적인 방식이 아니라, 삶의 여정으로 바라볼 필요가 있습니다. 일방적 접근인 "전도 → 성경공부 → 제자 훈련 → 봉사" 같은 단선적이고 획일적인 과정에서 벗어나야 합니다. 개인의 신앙 여정을 존중해서 사람마다 다른 배경과 필요, 관심사를 가진다는 것을 인정하고, 각각의 성도들이 삶에서 겪는 실제적인 고민과 질문을 존중하고 함께 걸어가야 합니다.

여기 새로운 여정을 시작한 교회들이 있습니다

저는 2018년부터 미국의 패스트 그로잉 처치들에 대한 강의를 시작했습니다. 그때도 이 책과 똑같은 이야기를 드렸는데 많은 분들이 그건 미국의 이야기라고 말씀을 하셨습니다.

이제는 그렇지 않습니다. 서구권이 K-Beauty에 눈을 뜨고, 세계가 한국의 드라마를 보며 함께 울고 웃는 사이에 선진국이 된 한국의 MZ 세대들은 전세계에서 가장 라이프스타일에 대해 눈이 높은 그룹이 되었습니다. 그래서, 이미 한국에도 점점 많은 5무 교회들이 생기고 있습니다.

제가 존경하는 교회와 사역을 소개해 보고자 합니다. 한가지 분명한 것: 둘째 아들이 다시 돌아올 수 있는 교회를 세우고 있습니다. 인스타그램 @5no_church에서 각 계정을 팔로우 하실 수 있습니다.

온라인으로만 모이는 교회: 로그인 처치(홍정호 목사)

코로나19 팬데믹은 교회의 모습에 큰 변화를 가져왔습니다. 이로 인해 '로그인처치'라는 온라인 교회가 탄생했습니다. 기존 교회에서 소외된 사람들, 교회에 갈 수 없는 이들, 신앙이 약해져 멀어진 사람들이 함께할 수 있는 새로운 형태의 교회입니다.

로그인처치의 핵심은 예수님과의 친밀한 동행입니다. 삶과 신앙이 분리된 현대 크리스천들의 문제를 해결하기 위해 '예수동행일기'라는 훈련법을 사용합니다. 예수님을 의식하며 하루를 마무리하는 일기를 쓰며 일상 속에서 예수님과의 친밀감을 키워갑니다. 이 과정을 돕기 위해 개발된 '예수동행 앱'은 현재 20만 명이 사용하는 온라인 영적 공간입니다. '예수동행 앱'은 많은 이들에게 '온라인 수도원'이라 불리기도 합니다.

로그인처치는 성도들이 친밀한 관계를 맺도록 3단계의 예수동행 훈련을 제공합니다. 1단계는 1:1 양육, 2단계는 '예수님의 사람' 제자훈련, 마지막 3단계는 30일 예수동행일기 훈련입니다. 전 세계

로그인 처치의 예배들 <https://login.church/>

어디서든 온라인을 통해 서로의 삶과 신앙을 깊이 나누며, 매일의 일기 나눔과 Zoom을 통한 소그룹 교제로 친밀한 관계를 형성합니다. 이를 통해 서로 중보하며 영적으로 깊게 연결됩니다. 로그인처치에는 새벽 예배도, 주중 예배도 없습니다. 하지만 우리는 '매일 예수동행일기로 만납니다.' 이 매일의 만남이 바로 관계를 형성하는 가장 강력한 힘이 됩니다.

로그인처치의 신앙적 핵심은 두 가지입니다. 첫째는, 예수님이 내 안에 계신 것을 믿고 삶에서 동행하는 것이며, 둘째는, 내가 예배하는 그곳이 곧 성전이며 교회가 된다는 사실입니다. 예수님께서 우리 안에 계신다면, 우리가 곧 성전이며 교회입니다. 미국에 계신 한 집사님 부부는, 이민교회 특성상 교회로부터 상처받은 14명을 모아 6개월간 예수동행 훈련을 진행하셨습니다. 그분들은 로그인처치의 정식 교인은 아니었지만, 우리는 모두 하나의 교회이기에 함께 할 수 있었습니다. 수료식을 위해 제가 미국에 직접 방문했을 때, 많은 분들이 감격의 눈물을 흘렸습니다.

온라인교회에서 목회자는 권위적 리더가 아닌, 성도와 함께 걷는 영적 동반자의 역할을 합니다. 수평적인 관계 속에서 목회자도 성도들과 동일하게 삶을 나누며 살아갑니다. 특히 성도의 80%가 싱글이며, 새가족 비율이 높은 것이 특징으로, 교회를 떠난 이들을 다시 품고 복음의 회복을 이끄는 '브릿지(Bridge)' 역할을 수행합니다.

로그인처치는 아직 실험 중이며 변화하는 과정 속에 있지만, 이 공동체의 성도들은 예수님과의 동행으로 인해 행복과 만족을 경험하고 있습니다. 교회가 어디에 있든, 예수님 한 분만으로 충분하다는 믿음으로 새로운 교회의 여정을 계속 걸어가고 있습니다.(홍정호)

나니아의 옷장, 주님의 숲 교회(이재윤 목사)

2015년도에 성신여대 앞에 <나니아의 옷장>이라는 문화공간이자 같은 장소에서 <주님의숲교회>를 개척하였습니다. 요즘은 잘 쓰지 않는 말이지만 '문화선교'라는 키워드를 갖고 여러 가지 기독교문화콘텐츠를 통해 세상과의 접촉점을 만들어가는 개척교회가 되고 싶었습니다. 매주 금요일 저녁 '나니아의 옷장 금요라이브'라는 이름의 공연을 통해 수백 팀의 무대를 만들었습니다. 주로 음악공연이 많았고 그 외에도 작은 연극, 다양성 영화상영, 책읽기 모임 등 다양한 시도를 해왔습니다.

그리고 주일에는 같은 장소에서 '주님의숲교회'라는 이름의 교회공동체를 세워나갔습니다. 코로나 이전에는 3-40명까지 성장하였으나 코로나 이후에 여러 가지로 많은 침체는 겪고 있는 것이 사실입니다. 앞서 말씀드렸지만 '문화선교'라는 개념이 이제는 좀 수정되어야 할 때인 것도 같고, 한국 사회의 문화콘텐츠 지형도 많이 바뀌어서 새로운 접근이 필요한 것도 같습니다. 이제 저희는 10년차가 되면서 시즌3를 준비하고 있습니다. 교회공동체적으로는 좀 더 깊이 있는 '보편의 영성'을 추구함과 동시에 문화콘텐츠 면에서는 좀 더 시대와 깊이 소통할 수 있는 실질적인 시도들을 해보려 합니다.

주님의숲교회, 나니아의옷장 <http://narnia-closet.com/>

(조금은 생뚱맞지만) 저는 요즘 전자음악을 만드는 일에 빠져 있습니다. 가끔씩 홍대 등의 공연장에서 일반적인 젊은 뮤지션들과 섞여서 공연도 합니다. 배우는 것이 많습니다. 교회 안에만 갇혀 있지 않고 좀 더, 좀 더 세상 속으로 들어가 '신실한 현존'(faithful presence)을 하는 법을 배우고 연구하고 있습니다. 이러한 고민들이 무르익어 주님의숲교회라는 공동체와 함께 더욱 성장한 나니아의 옷장을 만들어 보려 몸부림치고 있습니다.(이재윤)

나그네를 환대하는 밥상공동체, 함께심는교회(박종현 목사)

함께심는교회(이하 함심교)는 나그네를 환대하는 밥상 공동체입니다. 12시 반에 모여 박종현 목사가 아내와 함께 손수 준비한 밥상을 나누고 2시부터 예배를 드립니다. 기성 교회의 권위적이고 체계적인 모습과 달리 함께 모여 먹고 마시며 이야기를 나누는 게 모임의 전부입니다. 한 주 간의 고단함에서 벗어나 온전히 쉼과 회복을 누릴 수 있도록 섬김이나 봉사에 대한 부담 없이 다들 편안하게 쉬는 분위기를 조성합니다. 소속감을 주는 교인 대신 나그네라는 표현을 사용합니다. 직분이 없기에 서로에 대한 호칭 역시 자유롭습니다.

'먹튀 환영'은 열린 공동체로서의 정체성을 강조하는 표현입니다.

함께심는교회의 예배와 식탁 <www.facebook.com/planterschurch>

밥만 먹고 가도 좋고, 예배에 혹은 모임에 잠시 참여하고 떠나는 사람들도 환영한다는 메시지입니다. 신앙의 유무와 관계 없이 누구나 자유롭게 그리고 부담 없이 드나들 수 있습니다. 함심교는 신앙의 여정에서 각자의 속도와 방식으로 참여할 수 있도록 배려합니다. 특별한 교육이나 훈련 대신 예전문 안에 최대한 많은 신앙고백을 담아내는 것도 그런 이유입니다. 매 주 드리는 성찬은 오픈 테이블로 진행됩니다. 세례를 받지 않은 어린이들도, 아직 신앙이 없는 이들도 이 열린 성찬을 통해 하나님의 은혜와 공동체의 환대를 경험할 수 있습니다.

함심교의 두 기둥은 환대와 경청입니다. 말씀의 예전으로 들어가기 전, 우리는 함께 이야기나누는 시간을 갖습니다. 내용에는 제한이 없지만, 안전한 대화를 위한 몇 가지 규칙이 있습니다. 이름을 소개하면 함께 박수로 환영하고, 비판하거나 질문하지 않습니다. 이야기를 마치면 박수로 격려합니다. 이를 통해 우리는 익명화된 누구가 아닌 자기 자신으로 서로를 존중함을 표현합니다. 설교 역시 단방향으로 그치지 않습니다. 10분 내외의 짧은 설교에 이어 설교에 대한 감상, 비평, 질문이 자유롭게 오갑니다. 설교가 개인이 아닌 공동체의 해석임을 믿기 때문입니다.

'소박하고 진실되게 더불어 살아내는 하나님 나라'가 함께심는교회의 모토입니다. 먹고 마시며 누리는 하나님의 나라를 경험하고 싶은 모든 나그네들을 기꺼이 환영합니다! (박종현)

NUMBERS, 소울브릿지교회의 캠퍼스사역공동체 (반승환 목사)

넘버스 공동체는, 무너진 캠퍼스 한복판에서 전통의 문법이 아닌 새로운 교회의 상상력을 실험하고 있습니다.

기존의 캠퍼스 사역이 로컬처치와 파라처치라는 두 축 위에 세워졌다면, 넘버스는 그 경계를 넘어, 하나님 나라를 향한 새로운 길을 열고자 합니다. 교회를 필요로 하는 이에게는 교회로, 공동체를 갈망하는 이에게는 공동체로. 넘버스는 이분법을 넘어서, 각자의 필요와 언어로 다가갑니다.

환대를 디자인합니다. 첫 발을 디디는 순간 전해지는 유니크한 향, 브랜딩된 웰컴 페이퍼들, 낮은 조도와 멘트 없이 흘러가는 찬양. 모든 낯섦은 하나님께 집중하도록 돕는 장치입니다.

목회자의 소개도, 현장 인사도 없습니다. 말씀을 전하는 자는 '메신저'일 뿐, 넘버스는 사람이 아닌 하나님을 소개합니다.

모든 소개는 예배 후 온라인 애프터로 이어집니다.
이 관계의 흐름은 낯설지만, 그래서 새롭고, 그래서 오래 갑니다.

1년 5개월. 100명의 청년들이 스스로 걸어 들어온 이유는 분명합니다. 넘버스는 '교회'가 아니라 하나님 나라의 라이프스타일을 살아가는 공동체입니다. 팀 중심의 모임, 일상 속의 사역, 직장과 전

넘버스 공동체 <인스타그램 @_the_numbers_nation>

공, 감정과 경험을 분해하지 않는 신앙. 넘버스는 아직 완성되지 않았습니다.

하지만, 매주 새롭게 되어가는 중입니다.
매 주일 저녁 7시 드려지는
넘버스는 '새로운 교회가 왔다'는 선언의 한 단면입니다.
그리고 그 시작은, 지금 이곳입니다.(반승환)

공간이 없는 교회, 라이트하우스 서울숲(임형규 목사)

홍민기 목사님이 대표로 있는 교회개척 운동인 라이트하우스 무브먼트에서 세워진 교회입니다. 2018년 12월에 청년들 열댓명과 함께 임형규 목사가 시작했고, 2019년 5월에 창립했습니다. 성도의 80퍼센트는 20대후반에서 30대후반이며 2025년 현재, 청장년 450명정도 출석하고 있습니다.

라이트하우스 서울숲은 개척을 준비하면서부터 타겟팅을 정확하게 잡았습니다. 20대부터 40대까지. 이 나이대를 정한 까닭은 우리가 '공간이 없는 교회'였기 때문입니다. 바꿔말하면 50대 이상의 중직자가 공간이 없는 (게다가 수염난 젊은 목사가 담임으로 있는) 교회를 올 확률은 없다고 본 것입니다. 그러나 20-40대는 컨텐츠가 좋으면 자신의 시간과 돈을 들여서 공간을 뛰어넘는 세대였습니다. 서울 수도권의 소위 힙플레이스에는 이러한 사람들이 줄을 서서 식당과 카페를 가고, 공연장이나 팝업샵 앞에 줄을 서 있습니다.

개척을 준비하면서 1년 정도 2040의 자주 가는 공간들을 리서치했습니다. 공유오피스, 힙플레이스, 전시장, 팝업샵, 편집샵 등. 그리고 5명 정도의 팀원들과 함께 3개월간 함께 리서치하고 대화하며 준비했습니다. 함께 공간을 꾸몄고, 예배 순서를 기획했습니다. 이후로도 공간에 사용해야 할 비용을 구제와 선교에 썼습니다.

라이트하우스 서울숲은 겉으로 보기에는 매우 창의적이고 트렌디한 교회이지만, 막상 들어가보면 선교와 구제에 매우 힘쓰고 있습니다. 특히 이것이 중요한 것은 생존에 치여서 자신의 삶의 의미와 가치를 망각한 젊은이들에게 내가 이 도시에서 살아야 할 소명에 대해 눈뜨게 해주기 때문입니다. 선교지를 다녀오면, 내가 살아내야 할 이 도시가 나의 선교지라는 것을 깨닫게 됩니다. 구제 봉사 활동을 다녀오면 내가 바라보아야 할 곳이 저 높은 곳이 아니라 더 낮은 곳이라는것을 깨닫게 됩니다.

여전히 라이트하우스 서울숲은 보유하고 있는 공간이 없고, 교회내 직분이 없으며, 오직 주일 예배외에는 수요 예배와 금요예배, 새벽예배가 없습니다. 하지만 수도권 여기저기에서 새로운 청년들이 매주 모여듭니다. 그것은 우리가 청년들을 교회 사역에 필요한 대상으로 여기는 것이 아니라, 각자에게 주어진 삶의 자리가 소명임을 깨닫게 해주고, 청년들 개개인이 이 도시에 <흩어지는 교회>라는 것을 각성시켜 주어야 한다고 믿기 때문일 것입니다.(임형규)

라이트하우스 서울숲 <인스타그램 @lighthouse.seoulforest>

선교지에 세운 카페: PATH 치앙마이 (홍명직, 한슬기)

이 카페는 선교지에 선교적 목적으로 지어졌으나, 찬양예배, 기도모임, 성경공부, 제자훈련 과 같은 이벤트는 아직 존재하지 않습니다. 십자가 장식은 물론, 목사도 집사도 없고 주일예배도 없지만 우리는 이 카페가 교회와 다를 바 없다고 소개합니다.

예수 그리스도를 중심에 둔 사람들이 모여 말씀과 기도를 통해 주님과 동행하기를 힘쓰고, 사랑의 교제를 나누며 복음을 살아내고 증거하는 공동체이니, 곧 교회와 같은 본질을 가지고 있다는 것이지요. 크리스천 직원은 각자 속한 지역교회에서 주일예배를 드립니다. 넌 크리스천은 함께 일하는 크리스찬들의 삶을 대하는 태도를 바로 곁에서 매일 지켜봅니다. 함께 모여 말씀을 읽거나 기도모임을 하지는 않지만, 오가는 대화 가운데 하나님이 주신 마음을 나누고, 서로를 위한 기도제목을 마음에 담습니다. 자연스럽게 기독교적 삶의 가치관을 곁에서 듣고 생각할 기회를 가지게 되고, 궁금한 점이 있으면 편하게 물어보기도 합니다.

Path는 현지인들에 대한 배움에서 시작되었습니다. 섣불리 '센터'라고 불리우는 장소를 보기좋게 지어놓고 그 안에서 우리만의 잔치

5무 교회가 온다

패스 치앙마이 <인스타그램 @path_____>

를 벌이며 천국 운운하는 것은 결코 선교적이지 않다고 보았습니다. 우리는 먼저 현지인들이 사는 곳으로 들어가, 그 사이에 스며들기를 바랐습니다.

태국에는, 오랜 선교역사에도 불구하고 크리스마스가 무슨 날 인지조차 모르는 이들이 허다했고, 그 바탕에는 현지 교회들이 세상과 꽤 단절된 채로 존재하고 있기 때문임을 알게 되었습니다. 오랜기간 선교의 대상이 되어온 소수민족이나 가난한 자들에 대한 복음화는, 빈부격차로 인한 사회적 단절 때문에 태국이라는 나라 전반적으로 영향을 미치고 있지는 못했습니다.

예수님이 인간의 몸을 입고 오신 것처럼 우리는 태국 청년들에게 친숙한 카페의 모습을 입게 되었습니다. 예수님이 인간의 세상에 직접 오셨듯, 우리는 현지인들만 모이던 각종 커뮤니티에 참석하고 활동하기를 주저하지 않았습니다. 예수님이 인간의 언어로 복음을 선포하셨듯, 우리는 현지인들이 이해하기 쉬운 언어로 복음을 전하려 노력해왔습니다. 현지어보다 오히려 문화적 언어를 의미합니다.

경력직 타이족만 채용하여 이익창출에 우선순위를 두는 다른 카페와 달리, 무경력 소수민족을 채용하여 하나부터 백까지 가르치며 느리더라도 함께 성장하려 하는 모습을 보여줍니다. 또 우리가 함께 더불어 지내는 모습을 통해, 빈부격차나 계급문화가 가져온 높은 벽은 사실 간단히 허물 수 있는 벽이라는 것도 나타내고자 합니다. 일 중심, 성공중심이 아닌 가정중심의 자족하는 삶을 살아내려 하는 모습은 현지인들로 하여금 왜 라는 질문을 이끌어내기에 충분합니다.

Super minimal, but Cozy. 이것이 현지인들이 path를 설명하는 단어입니다. 겉으로 화려하고 있어보이는 삶 보다 더 중요하고 가치 있는 삶이 있음을 전달하는 것. 삶의 본질은 사랑에 있으며, 그 본질에 충실했을 때 오히려 행복할 수 있다는 사실을 보여주는 것. 그 모든 것이 예수 그리스도의 십자가 복음에서 나온 것임을 전할 수 있기까지 이 삶을 쉬지 않는 것. 이것이 지금 path가 걸어가고 있는 여정입니다.(홍명직, 한슬기)

경계를 허무는 예배자들의 집 , M House (김정기 목사)

서울에 목동 한사랑교회에서 실험적으로 시작된 스핀오프 프로젝트* '엠하우스(M House)'는 2024년부터 시작하여 교회로부터 멀어진 세대들을 다시 하나님 앞으로 초대하려는 예배 공동체입니다. 이들은 Modern, Message, Movement라는 키워드를 중심으로 '말씀+워십+커뮤니티'라는 단순한 구조 속에서, 무대 중심의 퍼포먼스 예배가 아닌 '도시속에 들어가 공간을 변화시키고, 깨어나는 예배'를 꿈꿉니다. 브랜딩, 음악, 영상, 공간 등 영성과 문화 감각이 살아 있는 다양한 크리에이터가 자발적으로 매주 모여, 지역과 공간을 고려한 창의적인 라이브 워십을 준비하고, 앨범을 준비하며, SNS를 통해서 커뮤니티를 형성하고 있습니다.

교회는 다양한 사람들이 모인 공동체이기에 공동체의 색깔을 만들

M House <인스타그램 @wearemhouse>

어 가는 브랜딩의 기간이 필요하며, 엠하우스는 2년간의 브랜딩 기간이 지나면, 그 안에서 정기예배를 통한 예수 중심의 메시지와 다양한 콜라보를 진행할 예정입니다. 이러한 과정을 통해서 교회로부터 멀어진 세대들이 하나님 나라를 바라보게 하는 여러 시도를 진행하고 있습니다. 엠하우스에는 새로운 교회가 세워지는 과정을 제시하며, 커뮤니티를 중심으로 '지금 여기서 예수와 함께 숨 쉬고 있는가?'라는 본질적 질문 앞에 많은 세대들이 서도록 하고 싶습니다.

엠하우스는 말합니다. "우리는 더 이상 교회를 다니는 사람이 아니라, 교회로 살아가는 사람입니다." 이들의 작은 움직임은, 교회라는 단어에 담긴 새로운 정의를 만들어가고 있습니다.(김정기)
* 스핀오프 프로젝트 : 선교적인 실험을 주저하지 않는 한사랑교회에서 시작한 교회안에 새로운교회를 세우는 프로젝트
유튜브: www.youtube.com/@wearemhouse

5월부터 11월, 팝업 처치가 열리다: 서핑 처치 (제레미 윤 목사)

지난 10여 년간 한국과 디아스포라 한인들이 있는 곳이면 어디든 갔습니다. 대부분 이름 없는 바닷가 어촌 마을들이었고 그곳에서 노래로 삶으로 서핑으로 복음을 나누는 긴 여정이 시작되었습니다. 청

서핑 처치 <인스타그램 @jeremy.yoon>

년들이 몰려왔기 때문입니다. 2012년부터 시작된 사역은 지금 시대와 앞으로의 기후가 어떻든 힘을 다해 달려갈 경주입니다.

교회 안에서 제자양육하던 삶을 넘어서 서핑 관계자들과 코치들 및 강습생들까지 모두를 진지하게 만납니다. 그들만 만나고 그만이면 서핑 샵을 운영하거나 그곳에서 일하는 사업에 지나지 않습니다. 그들은 예배를 요청하고 수련회와 청년상담을 부탁합니다. 매년 5월에서 11월까지, 여름에 한정적인 '팝업처치'로 지내는 동안 10년이 훌쩍 지났습니다. 이제 바닷가 어촌마을은 100만 서핑인파가 모이는 곳으로 확장됩니다. 하나님의 선교는 사람들의 강력한 필요가 일어나는 현장에서 성령 하나님의 이끄심이 있을 때 가능합니다. 코로나 이후 사역의 필요성을 느낀 타 지역 신앙인들이 우리도 크리스천 서퍼들의 모임을 하고 싶다는 연락을 전해옵니다.

건물도 간판도 없는 팝업 교회이지만 어디서든 언제든 예배할 수 있는 강한 위로와 치유의 공동체로 지금 7명의 목회자 그룹이 보이지 않는 교회를 자연스럽게 지어가고 있습니다.

내륙과 도시에 산다면 적어도 바닷가를 자주 오가는 이들이어야 합니다. 여행은 이 세대에게 주신 하나님의 선물입니다. 2-3시간 오가는 차에서 나눔으로 삶의 이야기가 깊어집니다. 음악을 들으며 삶의 이야기(Life Issues)와 영적인 삶(Spiritual Issues)를 깊이 나눕니다. 일상과 신앙을 나누며 이전 교회 나눔 시간에서는 나눠보지 못한 하나님 나라의 이야기를 깊이 나누다 보면 이동하는 차 안에서 성령의 충만하심을 느낍니다. 부흥회입니다.

서핑처치는 양양과 부산과 제주도에서, 전도 전 사역부터 하나님의 자녀가 되고 제자가 되어 바닷가의 교회로 성장해 가는 서사까지, 지난 수십년간 국내외에서 검증되었습니다. Surf Church Collective와 Christian Surfer가 그것입니다. 사실 바닷가 라이프 스타일과 문화로서 서핑을 사용한 사역이니 삶과 문화가 닿아 있다면 무엇을 사용하든지 가능합니다. 서핑, 커피, 음악, 공예, 요식업, 조향, 법률 자문, 정비 서비스, 의료, 미용, 경영 등을 포함하여 정말 다 가능합니다.

크리스천 서퍼들은 바닷가의 교회와 하나님을 한 번도 듣지 못한 이들에게 다가갑니다. 상한 마음을 위로하고 바닷가 도시와 농어촌 많은 영혼을 치유합니다. 이제 한반도를 넘어 한민족의 사역을 향해 나아갑니다. 반도의 사역을 넘어 민족의 사역이며 주님 오시는 그날까지 나아가야 할 걸음입니다.(제레미 윤)

This kitchen is Church: 키친 다솜(이루다 목사)

키친다솜은 BAM(Business As Mission) 공동체입니다.
통전적 선교의 삶을 살기 위한 일터 공동체이고 예배공동체입니다. 이 세상속에서 하나님 나라의 라이프 스타일을 살아가기 위한 제자 공동체입니다. 예수께서 하신 화해로 세상과 친구하고픈 화해 공동체입니다.

청년들이 가장 많은 시간을 보내는 일상을 함께함으로 일주일에 한 번 교회에 오는 교인이 아니라 일주일내내 우리가 교회인 삶을 살아가는 공동체입니다. 세상속에서 하나님의 나라를 꿈꾸며 함께 기도하던 모든 분들의 도움으로, 독거 청년들이 거주율이 높은 영종도의 전소라는 작은 동네에서 시작되었습니다.

키친다솜의 모습은 호주 가정스타일의 주방과 8명이 앉을 수 있는 다이닝 테이블이 있는 독립된 공간, 그리고 커피 스테이션을 갖추고 있습니다. 키친다솜은 그 공간을 통해 세상을 잇고, 음식을 나눔으로 환대하며, 일을 통해 예배적 삶을 살고자 합니다.

그래서 그 공간을 통해 공간대여나 지역의 청년들과 콜라보 행사를 주관하며, 특별한 날과 소중한 사람들을 위해 예약을 받아 그분들만을 위한 코스 요리를 해드리는 파인다이닝 레스토랑을 운영하고 있습니다. 그외 시간은 오가는 모든 분들을 위해 카페를 운영합니다.

또한 So BAM(School of Business As Mission)과 So GYL(School of Global Young Leadership) 을 통해 선교적 삶과 성경적 세계관을 훈련하는 기회를 나눕니다.

키친 다솜 <인스타그램 @kitchen_dasom>

원바디 커뮤니티 <인스타그램 @onebody_community>

그리고 한달의 한번, 홍대에서 더 터미널(The Terminal)이라는 정기 예배 모임을 갖고 있습니다. 청년들의 연합모임이며 가나안 성도들과 홍대를 오가는 방문자들을 타겟으로 하고 있습니다.

키친다솜을 통해 인도하시는 특징중 하나는 제도적이지 않다는 것입니다. 누구든 오고 가며, 일함으로 환대하고, 교회를 떠난 친구들을 기다리며, 함께 모이면 예배합니다. 모두의 은사가 서로를 세우는 일에 쓰임받으며 일의 결과보다 과정의 동역이 중요하기에 속도가 느리지만 생각하고 나누며 갈 수 있어 행복한 공동체입니다.

세상을 향해 위대한 일을 하기보다 위대한 하나님과 동행하는 것이 기쁨이며, 한 영혼이 더욱 소중해지는 이 시대에 맡겨주신 영혼들과 하나님이 화해케되는 일에 도구가 되길 소망합니다.(이루다)

함께 사는 집을 짓습니다: 원바디 커뮤니티(유정민 목사)

Onebody Community 는 하나님 나라를 외치시며 보이셨던 예수님의 삶의 가르침을 따라 지극히 작은 한 사람을 향한 하나님의 나라에 대한 소망을 품으며 보냄 받은 그 곳에서 예수 그리스도를 따르는 제자 공동체입니다.

서로 사랑함이 예수 그리스도의 제자 됨의 증언이기에 서로의 관계 가운데 사랑함의 순종으로 지극히 작은 자들과 함께 삶을 살아가며 함께 책임져가는 태도의 성숙함으로 그리스도의 몸을 세워갑니다.

초대교회의 연속성에 뿌리를 두며, 전 세계에 존재하는 예수 그리스도의 교회의 일원으로 온전한 복음을 사랑하고, 온 교회를 사랑하며, 온 세상을 사랑합니다.

그 순종의 실천으로 일상 가운데 그리스도를 따르며 세속사 가운데 구속사가 관통되기를 위해 다양한 사회적 문제와 어려움 가운데 성경적 답이 되어가기를 소망하여

1. 주거 문제로 인해 고통받고 있는 청년들을 위해 목조주택건축 기술을 배워 직접 공동체 주택을 건축해 주거 공동체를 세워갑니다.

2. 공동체의 아이들과 지역의 아이들을 양육하기 위해 어린이집을 창업, 운영하며 양육 공동체를 세워갑니다.

3. 지역의 필요들과 형제와 자매들의 일자리를 만들기 위해 창업을 하여 원바디 빌더(단독 주택 건축), 아이림(어린이집), 버거 입장(수제 버거), 입장 돈까스(수제 돈까스), 리하 레터(기독교 굿즈), 사바스(라이프케어 제품)등 비지니스 선교 공동체를 세워갑니다.

4. 지역 기반한 로컬 처치를 개척하여 신앙 공동체를 세워갑니다.

이 모든 삶과 사역들은 유기적으로 연결되어 있으며 하나의 그리스도의 몸으로 존재하며 하나님의 나라가 세상 한 복판에서 어떻게 구현되는지 예배합니다. (유정민)

5무 교회가 온다

그들을 읽기 위해선 전에 없던 방식이 필요했다: 갓플렉스

태어남과 동시에 '디지털 네이티브'로 살아가며, 종교적이지 않지만 영적인 것을 추구하고(SBNR: Spritual but not Religious), 챗GPT를 늘 곁에 두지만 사람과의 진솔한 만남과 대화가 절실한 세대. 그러나 도전과 성취보다는 '포기'로 점철된 매일을 보내며 'N포세대'라는 꼬리표를 달고 사는 세대. 바로 다음세대입니다.

이 시대의 크리스천 청년, 청소년들을 응원하고 그들에게 재미있고 의미있는 기독교 문화를 제시하기 위한 캠페인으로서 지난 2020년 '갓플렉스(Godflex)'를 시작한 이유입니다. 뻔한 응답 일변도의 양적연구, 보편적 흐름을 읽기엔 한계가 명확한 질적연구 대신 색다른 방식으로 그들의 일상을 들여다 본 SNS 경향성 분석, AI 빅데이터 분석을 통한 대나무숲 같은 청년세대의 호기심 확인, 변증학자와 함께 풀어보는 1대1 맞춤형 고민 해결 등 다양한 방식과 채널을 활용해 청년들의, 청년들을 위한 이야기를 전해봤습니다.

1030 세대의 '오늘 보고서' – '포노 사피엔스'로 살아가는 청년세대 일상의 흔적이 날것으로 남아 있는 유튜브 네이버 카카오톡의 기록을 들여다 본다면? 이 같은 발칙한(?) 상상을 현실화하기 위해 서울부터 제주까지 전국 21개 교회의 중고등부 대학청년부 크리스천 408명으로부터 직접 확인한 5234개의 키워드를 알고리즘별로 분석해보고 워드 클라우드 방식으로 시각화했습니다. 과연 그들이 일상적으로 품고 있던 기도제목들은 가장 일상적으로 사용하는 스마트폰 앱에 드러나 있을까?

마음 속 외침 '빛을 바라다' – AI 질문서비스 플랫폼과 협업해 70만여개에 달하는 호기심이 담긴 대나무숲으로 들어가 봤습니다. 그들

갓플렉스 <출처: 국민일보 • www.youtube.com/@GODFLEX_>

이 바라고 원하는 것은 무엇인지, AI 의존도가 높아지는 현실과 신앙공동체가 응답해야 할 길은 무엇인지 짚어 보기 위해서 입니다. 익명성 속에 가감 없이 자신의 고민을 풀어낸 그곳엔 청년세대 복음화를 위한 한국교회의 숙제가 오롯이 드러나 있었습니다.

꼬리에 꼬리를 무는 '말 대답(말씀으로 대답하다)'– 일상적 고민을 1대1 온라인 상담하듯 변증학적으로 풀어보며 거리낌 없이 고민을 말하고 대답을 듣는 시간을 마련했습니다. 인스타그램 계정으로 사전 수집한 청년세대의 고민들을 변증학자와 하나씩 풀어보며 텍스트와 숏폼 콘텐츠로 소개해 자유롭게 생각을 공유했습니다.

빛을 바라 볼 지도 – 일상 속 공간이지만 온기가 느껴지는 각 지역별 공간들을 인포그래픽으로 지도화해 쉼이 필요할 때 걸음을 옮겨볼 수 있도록 제안했습니다. 부산 청주 천안 서울로 이어지는 '빛을 바라볼 수 있는 공간'을 한 눈에 확인할 수 있습니다.

세상이 묻는 질문에 예수가 답이라고 선포해왔던 GODFLEX는 세상 속에서 삶으로 사랑을 보여줬던 예수 그리스도의 걸음이 어떤 것이었는지를 예배와 축제의 자리에서 경험케 했습니다. 그렇다면 2025년을 살아가는 이 시대의 청년세대는 무엇을 어떻게 사랑하고

5무 교회가 온다

있을까. 달콤한 연애와 결혼을 꿈꾸는 관계적 사랑을 비롯해 돈과 소유물, 육체적 정서적 기쁨을 주는 취미 활동, 친구와 가족 등 청년들이 사랑하는 대상은 다양합니다. 갓플렉스는 그들의 일상과 마음가짐, 타인과 공동체를 향한 시선을 들여다보고 진단하며 표피적인 사랑이 아닌 크리스천 청년으로서 사랑의 본질을 어떻게 되새겨야 하며 지향해 나가야 하는지 짚어 보기로 했습니다.

아 유 레디(R U Ready)? 2025 청년의 사랑(부제: 크리스천 청년들의 '사랑 진단서') – 갓플렉스가 기독교 최대 인스타그램 인플루언스 계정인 '교회친구다모여' 크리스천 소개팅 커뮤니티 '러브 코이노니아'와 콜라보레이션. 2030세대 크리스천 청춘남녀들이 하나님 안에서 '연애할 준비가 되었는지', '먼저 하나님과, 자기 자신을 사랑하고 있는지' '누구와 어떤 사랑을 만들어가고 싶은지'를 스스로 점검할 수 있는 진단 키트를 활용해 점검해봤습니다.(최기영)

믿지 않았던 청년들이 먼저 찾아오는, 뉴송교회(남빈 목사)

청년들이 교회에서 사라진다는 절규가 메아리칠 때 즈음, 뉴송처치는 2017년 홍대 한복판에 문을 열었습니다. 홍대거리는 여전히 청년들로 넘쳐 났습니다. 맛집에 술집에 심지어 점집들과 이단에…

이곳에서 어떻게 다시 청년들을 얻을 수 있을까를 고민하며 뉴송교회는 세워졌습니다. 그래서 교회 이름을 정한 방식도 심플했습니다. 교회 같지 않으면서도, 분명 교회다운 성경적인 이름, 그것이 뉴송의 시작이었습니다. 이미 익숙한 방식이 아닌, 새로운 노래처럼 신선하고 새롭게 다가가는 교회.

뉴송처치의 비전은 '제자화를 통한 부흥'입니다. 한 사람의 탁월한

뉴송교회 <출처: 인스타그램>

리더십에 의존하지 않습니다. 청년들이 스스로 일어나고, 기도하고, 순종하며 선교적인 교회를 만들어갑니다. 누군가가 보여주는 믿음을 관람하는 대신, 각자가 몸된 교회의 주체가 되어 성령의 인도하심에 반응하며 움직입니다. 수동이 아닌 의무가 아닌 자생적이고 자발적인 전도와 제자화, 기도와 말씀의 열정이 살아 숨쉽니다.

이곳에는 보기 드문 풍경이 있습니다. 홍대 한복판, 누구나 자유롭게 드나드는 공간에서 세상의 옷을 입고 온 이들이 의의 옷으로 갈아입는 광경을 자주 보게 됩니다.

믿지 않았던 청년들이 먼저 찾아오고, 세상의 언어로 시작된 대화가 성경과 복음으로 이어지며, 인생의 확신을 넘어서 진리를 만나는 순간 그들의 눈빛이 달라집니다.

복잡한 시대, 청년들이 교회에서 점점 사라져간다고들 하지만, 이곳엔 오히려 청년들이 넘칩니다.

예배, 공동체, 사역의 모든 결은 청년들의 생각과 감각 속에 살아 숨쉽니다. 그들의 언어와 디자인이 SNS와 미디어의 전 영역에 살아 숨쉬고 있습니다. 그 표현은 거칠지 않고, 오히려 영혼을 깨웁니다. 무

5무 교회가 온다

이주 다음, 정착의 시대가 온다
<유튜브 www.youtube.com/@ifmm7069>

너진 자존감, 방향 잃은 삶, 끝이 보이지 않던 질문들이 복음 안에서 길을 찾기 시작할 때, 청년들은 스스로 알을 깨고 다시 세워지기 시작합니다. 그리고 다시, 교회가 되어 세상으로 나아갑니다.(남빈)

나그네와 함께 살게 될 한국: 국제 이주자 포럼 2025

한국거주 외국인은 1990년에는 49,507명이였지만 2007년에 1,066,273명으로 1백만명을 초과하고 2016년도에는 2백만명을 넘어 2024년말에는 265만명이 넘었습니다. 이제 한국은 인구의 5.18%로 UN이 정하는 다민족 국가기준인 5%를 초과하게 되었습니다. 추세는 인구고령화와 낮은 출산율로 향후 최소 30년이상 지속될 것이기에 외국인 유입속도는 지속적으로 증대될 것입니다.

외국인의 한국체류가 이제는 단순 단기체류의 단계를 넘어서 외국인의 한국 장기체류현상이 나타나고 있습니다. 특별히 한국체류외국인 1백만명(2007)에서 2백만명(2016)이 되는 사이에 각 민족들이 업종별로 한국에서 자리를 잡았습니다. 몽골인은 이사업계, 중국인은 식당종업원과 노동일용현장, 우크라이나인는 모텔청소, 베트남인은 중소공장들, 그리고 농어촌에는 외국인력이 없으면 작동이 곤란한 현실이 되었고, 장기정착의 초석이 마련되었습니다.

외국인의 한국 장기거주현상은 이제 본격적인 흐름으로 자리잡기 시작했고, 한국의 필요와 외국인들의 필요가 서로 부합했습니다. 그러므로 이제 국내 외국인사역이 단기체류를 전제로 한 특수한 선교적 접근에서 전략을 TUNNING하고 목회적 접근으로 변경시킬 시점이 되었습니다.

온누리교회 이재훈 목사는 한국의 외국인이 현재 5%인데 온누리교회는 3%가 안되는데 이는 부족하다고 설교시간에 이야기했습니다.

향후 외국인이 5백만이 되면 한국인구 5천만의 10%인데 교회안에서도 성도의 10% 외국인이 되어야 건강한 교회라는 이야기입니다. 이러한 이야기는 한국에서 교회론이 단일민족의 교회론에서 다민족 교회론으로 변경되어야한다는 것입니다.

이는 교회 집사뿐아니라 장로도 필리핀인 장로님이 나오고 담임목사도 아프리카사람이 담임목사가 되는 것을 자연스러운 교회로 받아들일 수 있는 교회가 되어야 건강하다는 것입니다. 사실 초대교회는 유대단일민족에서 헬라인과 유대인의 공존인 다민족교회로의 변경이 중요했습니다.

늘 예언적인 주제로 가슴을 뜨겁게 하는국제이주자선교포럼은 올

해로 18회가 되었는데 2025년 주제가 Pastrol Care and Migrants 이다. 장기체류 이주민을 선교가 아닌 목양으로 풀어야한다는 시대적 요청을 포럼에서 논의하게 됩니다.(이해동)

주님께서 부르고 계십니다

¹⁰시장하여 먹고자 하매 사람이 준비할 때에 비몽사몽간에 ¹¹하늘이 열리며 한 그릇이 내려오는 것을 보니 큰 보자기 같고 네 귀를 매어 땅에 드리웠더라 ¹²그 안에는 땅에 있는 각색 네 발 가진 짐승과 기는 것과 공중에 나는 것들이 있는데 ¹³또 소리가 있으되 베드로야 일어나 잡아 먹으라 하거늘 ¹⁴베드로가 가로되 주여 그럴수 없나이다 속되고 깨끗지 아니한 물건을 내가 언제든지 먹지 아니하였삽나이다 한대 ¹⁵또 두번째 소리 있으되 하나님께서 깨끗케 하신 것을 네가 속되다 하지 말라 하더라 ¹⁶이런 일이 세번 있은 후 그 그릇이 곧 하늘로 올리워 가니라 ¹⁷베드로가 본 바 환상이 무슨 뜻인지 속으로 의심하더니 마침 고넬료의 보낸 사람들이 시몬의 집을 찾아 문 밖에 서서 ¹⁸불러 묻되 베드로라 하는 시몬이 여기 우거하느냐 하거늘 ¹⁹베드로가 그 환상에 대하여 생각할 때에 성령께서 저더러 말씀하시되 두 사람이 너를 찾으니 ²⁰일어나 내려가 의심치 말고 함께 가라 내가 저희를 보내었느니라 하시니 [사도행전 10:10~20]

아웃리치 매거진에서 미국의 성장하는 교회들을 살펴보다가 정말 많은 교회 홈페이지 첫 화면에서 'Welcome Home'이라는 문구를 공통으로 발견했던 때의 기억이 선명합니다. 저도 모르게 눈에서 눈물이 줄줄 흘렀습니다.

오랫동안 허물어져 간다고 생각했던 한국 교회의 모습에 낙담하고 있었는데, 주님께서 제게 아니라고 말씀해 주셨습니다. '네가 보지 못하는 것일 뿐, 나는 지금도 계속 나의 교회를 세우고 있다'고 말씀해 주셨습니다.

마태복음 17장, 변화산에서 베드로는 '여기가 좋사오니' 초막 셋을 짓자고 고백합니다. 어쩌면 너무 황홀하고 행복한 순간이었을 것입니다. 존엄한 주의 얼굴을 뵈었으니 인간으로서 할 수 있는 가장 거룩한 경험의 자리였을 것입니다.

그러나 주님께서는 가자고 말씀을 하셨습니다. 그 초막을 버렸을 때, 인류의 역사를 바꾸고 수많은 영혼을 살린 복음의 위대한 여정이 세계로 퍼져 나갔습니다.

그 주님께서 지금,
함께 가자고 말씀하고 계십니다.

5無 교회가 온다
십자가 없는 MZ교회의 등장

1판 5쇄 • 2025년 10월 2일

지은이 • 황인권

발행인 • 황인권
디자인 • 황인권
표지 • 강예지
인쇄 • 세종씨앤피

발행처 • 인권앤파트너스
주소 • 서울특별시 마포구 토정로 35길 11 5층 5559호(용강동, 인우빌딩)
등록일 • 2013년 3월 22일
등록번호 • 제2025-000001호
전화 • (02)792-1640
이메일 • dg1996@daum.net
www.inkwon.com

ISBN 979-11-90483-20-9(03230)

Copyrights 2025. 황인권 All rights reserved.

ikp는 '인권앤파트너스'의 출판 임프린트입니다.